王栋洲 著

Performance Management for More Earnings

向绩效管理要效益

战略落地 管理提升 业绩倍增

清华大学出版社
北京

内 容 简 介

针对"企业管理十大难题之一"的绩效管理,本书详尽阐述了如何让绩效管理真正在企业落地、生根,从而帮助企业实现战略落地、管理提升、业绩倍增。

全书分为九章,第一章直接切入绩效管理的本质问题——什么是绩效管理,绩效管理源头在哪里。第二章探寻绩效管理之"道",这是绩效管理工作的理论基础与行动指南。第三章讲述如何为战略模糊或没有战略的组织梳理组织战略,从而让绩效管理与组织战略紧密衔接。第四章～第八章按照绩效管理落地工作的内在逻辑顺序,详细阐述了如何设定绩效指标,如何开展绩效过程管控,如何进行精准考核评分,如何组织绩效面谈与改进,如何基于考核结果进行绩效激励,从而构筑战略绩效管理系统。第九章以绩效管理落地所需的方法、技术、工具为主线,手把手地教读者如何一步一步地完成绩效管理落地的操作,解决普遍存在的"纸上谈兵"问题。本书后记分享了绩效管理未来的发展趋势,意在"把握当下、成就未来"。

本书适合人力资源管理从业人员、战略管理从业人员、企业中高层管理人员以及高校人力资源管理、工商管理专业的大学生参考与学习。

本书封面贴有清华大学出版社防伪标签,无标签者不得销售。
版权所有,侵权必究。举报: 010-62782989, beiqinquan@tup.tsinghua.edu.cn。

图书在版编目(CIP)数据

向绩效管理要效益:战略落地 管理提升 业绩倍增 / 王栋洲著. —北京:清华大学出版社,2023.6
ISBN 978-7-302-62936-8

Ⅰ.①向… Ⅱ.①王… Ⅲ.①企业绩效—企业管理 Ⅳ.①F272.5

中国国家版本馆 CIP 数据核字 (2023) 第 038504 号

责任编辑:施 猛
封面设计:常雪影
版式设计:孔祥峰
责任校对:马遥遥
责任印制:杨 艳

出版发行:清华大学出版社
  网 址:http://www.tup.com.cn, http://www.wqbook.com
  地 址:北京清华大学学研大厦 A 座   邮 编:100084
  社 总 机:010-83470000   邮 购:010-62786544
  投稿与读者服务:010-62776969, c-service@tup.tsinghua.edu.cn
  质 量 反 馈:010-62772015, zhiliang@tup.tsinghua.edu.cn
印 装 者:北京鑫海金澳胶印有限公司
经 销:全国新华书店
开 本:185mm×260mm   印 张:11.75   字 数:265 千字
版 次:2023 年 6 月第 1 版   印 次:2023 年 6 月第 1 次印刷
定 价:59.00 元

产品编号:100759-01

推荐序

源于实践的绩效管理行动指南

本书作者是我的学生,作为师长,最高兴的事莫过于看到学生的成长与成就。于是,应作者盛情相邀,我欣然提笔为本书作序。

虽然这本书的架构与重心和我的预期基本一致,但当我阅读完书稿后,还是深感欣慰与喜悦。本书没有采用高深的理论与模型,作者基于实践,摸索出一套"通过战略绩效管理助力组织战略落地、管理提升、业绩倍增"的有效方法,极具应用价值。

本书行文紧紧围绕"绩效管理落地"这个中心展开,每一个章节都按照内在的逻辑顺序清晰地阐述一个关键问题。全书主体部分共有九章,具体包括绩效管理素问与溯源、探寻绩效管理之"道"、梳理组织战略、设定绩效指标、绩效过程管控、绩效考核评分、绩效面谈与改进、绩效激励、绩效管理落地破局。本书比较完整、系统地阐述了绩效管理工作的重要方面,有助于组织更好地建立科学、系统、敏捷的战略绩效管理体系,实现组织基础管理水平的稳健提升和业绩增长。

本书具有以下特点。

一、实战性

本书作者长期耕耘和奋战在绩效管理工作第一线,书中提出的绩效管理的方法、工具、实施流程、操作技巧等均出自作者长期的绩效管理实践,具有很强的实战性和指导意义。

二、易读性

本书通俗易懂。坦率地讲,绩效管理是一项技术含量很高的工作,要想学好、做好着实不易。而本书将晦涩、复杂的绩效管理理论与操作方法用深入浅出的语言呈现出来,并通过大量案例加以引导与解析,极大地方便了读者阅读与应用。

衷心希望大家享受阅读本书的过程,并能收获颇丰!

金占明博士
清华大学经济管理学院教授、博士生导师
2023年2月26日于清华园

前　言

20世纪70年代，西方学者M. Beer和R. A. Ruh首次提出绩效管理的概念，经过50多年的发展，绩效管理在西方已经成为一种被学术界、企业界广泛研究和实践的管理思想与管理方法。伴随着经济全球化的发展，中国企业面临的国际、国内市场竞争更加激烈，经营环境更加严峻。为了取得持久且难以复制的竞争优势，下大力气提升组织的整体绩效必将成为中国企业的不二选择。因此，在可预见的未来，绩效管理将在中国企业的发展中扮演日益重要的角色。

然而在实践中，我们发现，虽然企业在绩效管理上投入了大量的人力、物力和财力，但结果并不尽如人意。很多践行绩效管理的中国企业仍存在一些需要探讨、亟待改进的地方。第一，脱节化。绩效指标的设定与战略脱节，不精准、不聚焦，导致方向性错误。第二，空白化。绩效过程管控近乎空白，花了大量时间、精力设定的绩效指标最后成了"花瓶"，而不是企业期待的"真金白银"。第三，形式化。绩效考核的主观性较强，形式大于内容，考核结果不能反映组织与员工的真实绩效。第四，失衡化。绩效激励的投入产出比失衡，企业的钱虽然花出去了，但并没有激发员工的工作热情，甚至导致优秀员工因感到不公平而流失。第五，错位化。企业各级人员在绩效管理中的角色错位，高层领导与部门负责人参与不足，而人力资源职员(HR)整天跑前跑后，忙得不亦乐乎。总而言之，绩效管理没有成为企业发展的强大推手，反而沦为诸多矛盾与问题的根源。基于此，发现绩效管理实操中的误区，让更多的企业在实践中少走弯路，这是笔者写作本书的初心之一。

此外，要想成功实施绩效管理，使之真正成为推动企业高速发展的内在引擎，HR必须扮演好领航者、组织者、支持者和监督者的角色。但事实是，由于不能有效应对绩效管理落地过程中的问题与挑战，很多HR深陷困局。第一种，HR学习了很多绩效管理的知识、方法，参加了各种各样的绩效管理培训，但一到实操就困惑，还是不知道怎么做，内心惶恐而焦虑；第二种，在实施绩效管理过程中走形式、走过场，把绩效管理做成面子工程，表面上看好像在推行绩效管理，实际上完全浮于表面，根本没落地；第三种，由于工作不得要领，绩效管理没有落实下去，导致"基层员工抱怨，中层领导指责，高层领导甩锅"，结果是"猪八戒照镜子——里外不是人"。根据我们的观察，HR在绩效管理落地的过程中遇到的困难都是相似的。我们希望通过本书，即来自现实企业的原创性的咨询经验和深度思考，能为HR破解困局，直接提供解决方案，这是笔者写作本书的初心之二。

经过对世界500强公司绩效管理实践的研究，以及扎根中国企业绩效管理的亲身实践，我们认为，绩效管理的核心使命是助力企业实现战略落地、管理提升、业绩倍增。事实上，从创造的价值和工作的角色看，把绩效管理界定为业务工作更为合适，尽管它传统上属于HR的专业领域。只有把绩效管理视为业务的一部分，业务部门经理才更有可能承担主要责任，绩效管理也将由HR单点支撑变成"众人拾柴火焰高"。

现代管理学之父彼得·德鲁克精辟地指出，管理是一种实践，其本质不在于"知"而在于"行"。绩效管理也如是。本书所有的开篇案例都是我们亲身经历或亲眼见证的真实案例，平凡、琐碎，但这些案例就在你身边。全书讲述的绩效管理的方法、工具、实施流程、操作技巧全部来自我们在企业的工作实践和之后的管理咨询实践，均经过真实企业环境的检验。

从2021年7月开始策划，本书历时一年半成稿。全书紧紧围绕"绩效管理落地"这个中心，第一章直接切入绩效管理的本质问题——什么是绩效管理、绩效管理源头在哪里。这是绩效管理首先要明确的问题，以免"干活不由东，累死也无功"。第二章探寻绩效管理之"道"。这是绩效管理工作的理论基础与行动指南，非常重要却常常被忽略。第三章梳理组织战略，讲述如何为战略模糊或没有战略的组织梳理组织战略，从而让绩效管理与组织战略紧密衔接。第四章～第八章按照绩效管理工作的内在逻辑顺序，详细讲述了如何设定绩效指标，如何开展绩效过程管控，如何进行精准考核评分，如何组织绩效面谈与改进，如何基于考核结果进行绩效激励，共同构筑了战略绩效管理系统。第九章以绩效管理所需的方法、技术、工具为主线，手把手地教读者如何一步一步地完成绩效管理落地的操作，解决普遍存在的"纸上谈兵"问题。本书后记分享了绩效管理未来的发展趋势，意在"把握当下、成就未来"。

在本书出版过程中，要特别感谢我的导师金占明教授拨冗为本书作序，还要感谢清华大学出版社的施猛老师对本书提出的宝贵意见以及多位知名人力资源专家对本书的厚爱，最后要感谢合一咨询的同事们在思路研讨、资料收集、审核校对等方面的特别贡献。太多感激无以言表，诸多教诲铭记于心！

当前，我们处在一个百年未有之大变局的时代，机遇与挑战并存。作为绩效管理的研究者、实践者，我们致力于通过绩效管理帮助中国企业建设卓越组织，虽任重而道远，但我们坚信：千里之行始于足下，虽远必达！

王栋洲

2023年1月 中国北京

目 录

第一章　绩效管理素问与溯源 ·· 1
　　第一节　绩效管理素问 ··· 2
　　第二节　绩效管理溯源 ··· 5
　　第三节　绩效管理与绩效考核 ·· 6
　　本章结语 ··· 8

第二章　探寻绩效管理之"道" ··· 9
　　第一节　绩效管理的使命 ·· 11
　　第二节　绩效管理的愿景 ·· 13
　　第三节　绩效管理的价值观 ·· 14
　　第四节　角色与职责 ·· 15
　　本章结语 ··· 18

第三章　梳理组织战略 ··· 19
　　第一节　平衡计分卡 ·· 20
　　第二节　战略地图 ·· 23
　　第三节　设定财务层面的公司级目标 ·· 26
　　第四节　设定客户层面的公司级目标 ·· 30
　　第五节　设定内部流程层面的公司级目标 ······································· 36
　　第六节　设定学习与成长层面的公司级目标 ··································· 41
　　本章结语 ··· 45

第四章　设定绩效指标 ··· 47
　　第一节　设定公司级绩效指标 ·· 49
　　第二节　设定部门级绩效指标 ·· 54
　　第三节　设定员工级绩效指标 ·· 60
　　第四节　解析绩效指标六要素 ·· 64
　　第五节　绩效指标设定的企业案例 ·· 73

第六节 设定价值观考核指标 79
本章结语 83

第五章 绩效过程管控 85
第一节 绩效过程管控的作用 87
第二节 绩效过程管控的准备 89
第三节 绩效过程管控"三板斧" 91
本章结语 101

第六章 绩效考核评分 103
第一节 绩效考核的原则 104
第二节 绩效考核的内容 106
第三节 考核结果的强制分布 107
第四节 精准绩效考核 113
本章结语 124

第七章 绩效面谈与改进 125
第一节 为什么要绩效面谈 127
第二节 绩效面谈"五字经" 128
第三节 实施绩效改进 137
本章结语 139

第八章 绩效激励 141
第一节 绩效激励的原则 143
第二节 绩效激励的方式 145
第三节 绩效奖金的分配 149
本章结语 155

第九章 绩效管理落地破局 157
第一节 破局之"法" 159
第二节 破局之"术" 166
第三节 破局之"器" 173
本章结语 175

后记 走向未来 177

参考文献 180

第一章
绩效管理素问与溯源

▌问题聚焦

本章聚焦于解决如下4个关键问题，建议您务必掌握：
- 什么是绩效管理？
- 战略绩效管理系统由哪几部分构成？
- 绩效管理的源头在哪里？
- 绩效管理与绩效考核有何联系与区别？

▌开篇案例

是绩效之错，还是绩效之殇

2019年5月，笔者为一家高科技企业实施绩效管理咨询项目，项目进展得非常顺利，一切均按计划进行，客户的满意度与配合度都很高，我们的心情也犹如窗外的春光，明媚而灿烂，但这一切都因一次对话戛然而止。

一天上午，客户方的一位资深经理人专程登门造访，希望能够就一些绩效管理问题与我们进行深入交流与探讨。她开门见山地问了笔者两个问题：一是笔者有没有读过《绩效主义毁了索尼》这篇文章；二是她所在的企业是否还有必要继续推行绩效管理。面对这位资深经理人的问题，笔者深知她的疑虑不是个案，而是具有一定的代表性和普遍性。首先，笔者为大家简要介绍一下《绩效主义毁了索尼》。

2006年9月16日，一名乘客准备在美国洛杉矶国际机场登机。突然，他随身携带的联想Thinkpad笔记本电脑起火。幸运的是，因为他所乘坐的航班乘客正在登机，所以着火的笔记本被迅速扔出登机通道，没有造成人员伤亡。事后调查发现，是电池导致起火，而这款笔记本电脑使用的电池，其制造商就是大名鼎鼎的索尼公司，这就是震惊业界的索尼锂电池导致笔记本电脑着火事故。这次事故迫使索尼面向全球召回960万台笔记本电脑进行电池更换，仅此一项损失就高达510亿日元。更致命的是，这次事故严重损害了索尼的品牌形象，让昔日如钻石般晶莹璀璨的索尼变得暗淡无光。2007年1月，索尼公司前常务董事天外伺郎在日本《文艺春秋》杂志上发表了一篇文章——《绩效主义毁了索尼》。天外伺郎认为，首先，绩效主义的实施在索尼内部播下了自私自利的种子，使每个人只关心自己的考核业绩，让曾经在索尼引以为傲的激情集团、挑战精神、团队精神消失殆尽；其次，绩效主义的实施增加了索尼的管理成本，公司将主要精力用于监督、考核，迷失了企业经营的初心。最后，绩效主义让索尼失去了"自由、豁达和愉快"的企业氛围，让员工抑郁、企业茫然。

　　一石激起千层浪，这篇文章引发了诸多对绩效、对KPI(关键绩效指标)的重新审视与激辩，同时深深影响了那位聪明睿智的经理人，让她也产生了"企业究竟该不该推行绩效管理"的困惑。不可否认，天外伺郎的观点并非毫无道理，甚至是很多企业的真实写照。但索尼的困境真的是绩效主义造成的吗？如果真的是绩效主义毁了索尼，那绩效主义为何又成就了GE、三星、华为、阿里巴巴呢？索尼的困境、经理人的困惑触发了我们对一系列绩效管理底层问题的深度思考：究竟什么是绩效管理？绩效管理的源头在哪里？

第一节　绩效管理素问

　　"素问"一词出自《黄帝内经》，"素"有平素、平常或者本来面目之意，比如我们常用"素颜"来描述一个没有化妆的人。素问就是以问答的形式对事物的真相与本质进行探讨。本书中的绩效管理素问意指探求绩效管理的真相与本质。为此，我们首先需要清楚地定义"绩效"。

一、绩效的定义

　　古希腊著名思想家亚里士多德曾说过："世界上最困难的事莫过于下定义。"我们在长期的管理咨询工作中基于实证研究发现，人们在学习新知识的过程中，如果知道了某个新知识的定义，将有助于他们更好地理解与掌握新知识。

　　关于绩效的定义，归纳起来主要有以下三种观点：绩效是结果；绩效是行为；绩效是结果与行为的统一体。

作为长期扎根于中国本土企业，依靠吸收中国本土企业的营养与智慧成长起来的绩效管理咨询顾问，我们深刻地认识到，为加快绩效管理在中国企业的普及与推广，进而充分发挥绩效管理对中国企业的强大助力，在理论上我们需要一个具有中国特色的、大道至简的绩效新定义。现代管理学之父彼得·德鲁克认为："所有的组织都必须思考绩效为何物，这在以前简单明了，现在却不复如是。策略的拟订越来越需要对绩效的新定义。"对于彼得·德鲁克的这一观点，我非常赞同。下面，我们就基于中国传统文化来解读什么是绩效，希望能够为新的绩效定义贡献一份中国智慧。关于绩效的文字演化，见图1.1。

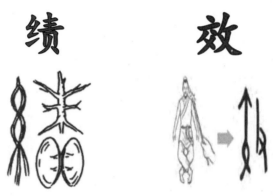

图1.1　说文解字中的"绩"和"效"

(1) 绩。古汉语中的"绩"字，左边形似"纟"，从形体上看像一缕线绳；右边形似"责"，责有"求"意，表示力求把线绳搓捻得又匀又细。所以"绩"的本义是把麻搓捻成线或绳，现代汉语引申为功业、成果。

(2) 效。甲骨文的"效"字，左边形似"人"，此人双腿交叉，正面站立，右边形似"手"，看上去很像手持教鞭在鞭打左边的人。这很像在旧的教育体制下，教师为了让学生学习，而采用教鞭鞭打学生的方法。因此，"效"的本意为摹仿、效仿。"效"又通"校"，意为考察、考核。

基于此，我们认为，绩效的字面本意是：通过采用鞭打的方式，让他人模仿标准，用尽全力把麻搓捻成又匀又细的线绳。不难看出，这个字面本意既有特定的行为又有最终的产出。绩效通常分为组织绩效和员工绩效，在此特别说明，本书主要研究和讨论的是员工个体绩效的管理。

通过以上对绩效的分析，我们认为，所谓绩效，就是在一个组织内，组织成员具备的符合组织价值观的能力和输出的与组织战略目标相一致的业绩成果。

二、关于绩效管理

20世纪70年代，西方学者M. Beer和R. A. Ruh首次提出绩效管理的概念，经过50多年的发展，绩效管理在西方已经成为一种被学术界、企业界广泛研究和实践的管理思想与管理方法。与此同时，依笔者个人的从业与咨询经验来看，很多中国企业在绩效管理的研究与实践方面处于初级阶段，水平亟待提升。从现实情况来看，这些企业设置KPI的方法极其简单粗暴，完全谈不上科学。俗话说"种瓜得瓜、种豆得豆"，如果我们种下的是错误的KPI，那怎么可能结出丰硕的业绩成果呢？

自改革开放以来，中国经济取得了举世瞩目的伟大成就。与中国经济的快速崛起交相辉映的是大批中国企业的跨越式成长与发展。与此同时，伴随着经济全球化和VUCA[①]时代的到来，在这种百年未有之大变局的历史背景下，中国企业面临的国际、国内市场的竞争必将更加激烈，为了取得持久且难以复制的竞争优势，下大力气提升组织的整体绩效必将成为中国企业的不二选择。因此，在可预见的未来，绩效管理必将在中国企业的发展中扮演日益重要的角色，发挥日益重要的作用。诚如通用电器前首席执行官杰克·韦尔奇所言："绩效管理是最有效的管理手段，它是建设一个伟大组织的全部秘密。"

绩效管理自诞生以来，一方面因成效显著而备受推崇，另一方面因招致失败而饱受批判；一方面被彼得·德鲁克称为20世纪管理学最伟大的发明之一，另一方面位列当代十大管理难题之一；一方面成就了GE、三星和华为等知名企业，另一方面被认为毁了索尼。如此种种，可谓用理智无法理解绩效管理，用尺度无法衡量绩效管理，让人矛盾而困惑。那么，究竟什么是绩效管理呢？

基于上述"绩效"的定义，结合我们对企业开展绩效管理咨询实践的思考与总结，我们认为，所谓绩效管理，就是以实施组织战略为根本使命，通过事前计划、事中控制、事后评价与激励的三位一体的管理方式，持续提升员工的能力与业绩，从而达成组织战略目标的管理系统。对于绩效管理的理解，要把握以下几个关键要点。

(1) 绩效管理是一套精密的管理系统，我们称之为战略绩效管理系统，它由指标设定、绩效管控、绩效考核、绩效激励4个部分组成。战略绩效管理系统见图1.2。这4个部分不是彼此孤立的，而是一个以因果关系为纽带，环环相扣的战略闭环。这里要特别说明的一点是：对于任何一个管理系统而言，只有当它是一个闭环时，才是可靠和可控的，才能不断地提升与改善。

(2) 绩效管理系统以实施组织战略为根本使命。绩效管理本质上就是战略落地的工具，脱离了战略，绩效管理就失去了存在的意义。

(3) 绩效管理系统通过事前、事中、事后三位一体的管理方式，先提升员工的能力，进而提升员工的业绩，最后达成组织战略目标，从而完成自己的使命。

关于什么是绩效管理，本书就阐述到这里。此刻对于本章开篇案例包含的两个问题"真的是绩效主义毁了索尼吗？经理人所在的企业是否应该继续推行绩效管理"，相信大家应该得出自己的结论了。所以，问题的关键不在于绩效主义本身，而在于我们如何使用与管理绩效。这就好比水可能是生命之源，也可能是洪水猛兽，为害四方。

---

① VUCA是volatility(易变性)，uncertainty(不确定性)，complexity(复杂性)，ambiguity(模糊性)的缩写。

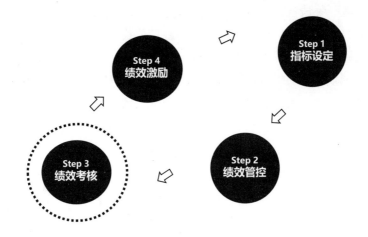

图1.2 战略绩效管理系统

第二节 绩效管理溯源

你在工作中,有没有经历过以下两种工作场景?

场景一:领导把你单独叫到办公室,满面笑容地说:"小李呀,最近公司的营业收入增速明显放缓,大家对'平均主义大锅饭'现象很不满,尤其是一线业务部门的员工。所以,近期我想在公司全面推行绩效考核,根据考核结果分配奖金。现在给你一周时间,设计一个方案。方案设计的具体过程我就不管了,我只看结果。"

场景二:领导把你单独叫到办公室,脸色阴沉地说:"小李呀,研发事业部的负责人张小天最近业绩不行,还偷奸耍滑,我批评他,他还不服气。你抓紧时间给他设几个考核指标,我要考核他,看他以后还敢不服气。这件事情由你来负责,3天之内给我交结果。"

假如你是小李,你会怎么做呢?

根据我们在绩效管理咨询工作中的实证观察和在培训工作中开展的调查研究,我们发现,针对以上两种场景,出现频率最高的是以下两种情况。

(1) 领导让怎么做就怎么做,看似效率很高,但实际上"头痛医头、脚痛医脚",抓不到问题的本质,结果收效甚微,领导不满意,自己也郁闷。

(2) 深感"老虎吃天、无从下口",完全不知道应该从哪里做起,所以总是在思考,从未见行动。

以上无论是哪一种情况，都不是我们的最佳选择。这就引发了一个非常重要的思考：绩效管理的源头究竟在哪里？俗话说"追根溯源"，找到了源头也就找到了解决绩效管理问题的方向，找到了开展绩效管理工作的入口。

本书提出：绩效管理的根本使命是战略落地。这就意味着离开了战略，绩效管理就成了无源之水、无本之木。基于此，我们认为，绩效管理源于战略，也始终服务于战略。具体见图1.3。

图1.3 绩效管理的源头

绩效管理的源头就是组织战略，同时绩效管理又要服务与服从于战略。所以，无论是思考绩效管理的问题还是实际开展绩效管理的操作，第一步或切入点就是要研究与梳理组织战略，正所谓"绩效未动、战略先行"。否则，绩效管理工作就极有可能变成一件"干活不由东，累死也无功"的苦差事。

第三节
绩效管理与绩效考核

绩效管理与绩效考核本是两项既有联系又有区别的管理活动，但是就笔者长期在中国企业实施绩效管理咨询项目的所见所闻而言，只要谈及与绩效管理相关的事宜，绝大多数管理者使用的高频词汇就是考核。谈及绩效指标设定时大家认为是考核，谈及绩效过程管控时大家也认为是考核，谈及绩效面谈时大家还认为是考核，绩效奖金分配更是被大家视为考核的唯一动因。在很多管理者的底层意识里，要么只知道有绩效考核而完全不知道还有绩效管理的存在，要么把绩效考核完全等同于绩效管理。我们常说思想是行动的指南，这种根深蒂固的思维与认知严重阻碍了绩效管理在中国企业的推行与效能发挥，因为"绩效考核的种子结不出绩效管理"的硕果。基于此，科学、精准地界定绩效管理与绩效考核的联系与区别，并用大众易于理解的语言描述出来，对于帮助各级管理者确立科学的绩效管理观，推动绩效管理在中国企业的真正落地，提升中国企业的整体绩效管理水平，具有非常重要的战略意义。

一、绩效管理与绩效考核的联系

本书第一章第一节明确指出战略绩效管理系统由4个部分组成：指标设定、绩效管控、绩效考核、绩效激励。基于此，我们提出以下几点。

1. 绩效管理与绩效考核是整体与局部的关系

本书第一章第一节明确指出战略绩效管理系统由4个部分组成，即指标设定、绩效管控、绩效考核、绩效激励。所以，绩效考核是绩效管理的一个组成部分，两者是局部与整体的关系。

2. 绩效考核与绩效管理是相互依存的关系

(1) 绩效考核是绩效管理不可或缺的重要环节，离开了绩效考核，绩效管理将名存实亡；同样，离开了绩效管理，绩效考核也将孤掌难鸣。

(2) 精准的绩效评估是成功实施绩效管理的强有力支撑，而以战略为导向的绩效管理系统的建构是精准绩效评估赖以生存的沃土。

3. 绩效管理与绩效考核一脉相承

绩效管理源自绩效考核的进化，从一种孤立、片面的管理活动进化为一种系统、闭环的管理活动。从某种程度上讲，绩效管理是绩效考核更高级的形态。

二、绩效管理与绩效考核的区别

绩效管理与绩效考核的区别详见表1.1。

表1.1　绩效管理与绩效考核的区别

序号	维度	绩效管理	绩效考核
1	构成不同	指标设定、绩效管控、绩效考核、绩效激励	绩效管理的一部分
2	着眼点不同	着眼于组织战略、员工发展	着眼于绩效识别、员工控制
3	管控方式不同	事前、事中、事后管控三位一体，关口前移	事后管控，亡羊补牢
4	关注点不同	既关注员工过去的绩效，又帮助员工提升未来的绩效，主要是向前看	精准评估员工过去的绩效，主要是向后看
5	动机不同	持续提升组织员工的能力与业绩，帮助员工成长与发展，达成组织的战略目标	精准评估员工的真实绩效，为薪酬分配提供依据
6	结果不同	助力组织做大、做强、可持续	得出员工的考核分值，据此确定员工的考核等级

本章结语

　　本章主要帮助读者厘清并理解绩效管理相关的基本概念，为此，本章重点阐述了以下4个问题：什么是绩效管理，战略绩效管理系统的构成是什么，绩效管理的源头在哪里，绩效管理与绩效考核的关系，从而为后续的实战操作奠定坚实的基础。另外，虽然厘清并理解这些基本概念非常重要，但毕竟它们还只是停留在"术"的层面，为了高屋建瓴地开展绩效管理工作，我们需要转变思维、提高认识，从"术"的层面上升到"道"的层面，欲知此"道"为何物，请阅读本书第二章——探寻绩效管理之"道"。

第二章
探寻绩效管理之"道"

■ 问题聚焦

本章聚焦于解决如下4个关键问题,建议您务必掌握:
- 绩效管理的使命是什么?
- 绩效管理的愿景是什么?
- 绩效管理的核心价值观是什么?
- 组织各级人员在绩效管理中的角色与职责是什么?

■ 开篇案例

什么帮助我们化解了危机

2018年秋,应一家动物医疗科技有限公司董事长的邀请,笔者率队为他们导入并实施战略绩效管理体系。该公司是一家全国连锁的大型宠物医疗企业,其盈利能力在行业内名列前茅。

在项目实施期间,笔者及团队耗时半个月编制完成了一份非常重要的项目方案,并计划择日与公司高级管理团队进行研讨。考虑到公司高管团队成员的工作都非常繁忙,为了提高本次研讨的效率与效果,我们提前一周把项目方案(讨论稿)发给了每位高管,同时,笔者还专程到每位高管的办公室,建议他们抽时间提前看一下方案,如果有什么共性问题,可以在研讨会之前提出来,我们咨询团队修订后再上会研讨。每一位高管都很认可这种沟通模式,并给予了笔者积极而肯定的回复。一周以后,方案研讨会在一片祥和的气氛中如期举行。会议首先由我们咨询团队对方案内容进行讲解与说明,然后再由公司高管团队逐一发表意见。当轮到公司分管财务的高级副总发言时,她首先礼貌地向咨询团队表达歉意，表示由于工作太忙，没有提前看方案，不过她利用会议时间简要看了一遍方案。这位副总表示整体上没有大的意见，但她发现了几处细节问题，想提出来供大家研讨。一是某某页的某句话后面应该用"逗号"而不应该用"顿号"；二是某某页的某处应该用"的"而不应该用"地"；三是应该用评分标准而不应该用绩效标准；等等。听着她的话，咨询团队成员心中渐渐泛起一丝不悦。原因有二：一是我们专程告诉这位副总要提前看项目方案，但她还是以工作忙为由没有提前看，很显然她完全没有理解方案的要义；二是她没有对方案提出建议性意见，却紧盯着一些鸡毛蒜皮的细节问题。古话说："相由心生。"如果我们不对心中的不悦进行有效疏导，那极有可能在不经意间流露出来并表现在脸上，而这种不悦即使被对方的高管团队察觉出一丝一毫，都极有可能造成高管团队对我们的信任危机，从而给项目后续的实施带来很大的麻烦。但是情绪并不是你想控制就能控制的，强行压制情绪不仅不能从根本上解决问题，还极有可能造成井喷式爆发，那后果将不堪设想。就在这时，我们的核心价值观突然闯入脑海：以客户为中心，为客户创造价值。转瞬之间，神奇的事情发生了，积压在咨询团队心中的不良情绪瞬间消失得无影无踪，当我们再次抬起头来听那位副总讲话时，不仅不觉得她讨厌反而觉得她非常亲切，对她提出的细节问题，不仅不再排斥，反而从内心深处认为她说得有道理，是我们自己的问题，我们编制的项目方案在表达上应该符合客户的表达习惯。

最后，项目方案研讨会开得很成功，富有成效且气氛融洽。研讨会后，我们咨询团队对本次事件进行了复盘，重点复盘的问题就是：究竟是什么帮助咨询团队化解了危机？关于这个问题，你怎么看？

如前文所述，绩效管理被认为是当代十大管理难题之一。为了破解工作中的各种绩效难题，很多绩效管理工作者非常注重学习各种绩效管理的理论、方法、工具、模型，并将之视为破解难题的密码。毫无疑问，掌握这些理论、方法、工具、模型是非常重要的，这也是绩效管理工作者安身立命的基础，但由此也造成了重实操而轻理论、重"术"而轻"道"的现象。如果我们希望能够为中国的绩效管理事业做出自己的贡献，或者希望成为顶级的绩效管理专家，那仅仅停留在"法"和"术"的层面是远远不够的，必须要有绩效管理的理想与信念，必须要研究、思考"绩效管理是谁，它从哪里来，要到哪里去"等绩效管理的哲学问题，这也就是本章要努力探寻的绩效管理之"道"。

《易经》有云："形而上者谓之道，形而下者谓之器。""道"的概念源于老子的《道德经》。简单来讲，"道"就是规律或法则，是天地万物运行的规律、宇宙万物运行的法则，比如太阳东升西落，春夏秋冬依次交替，物极必反、盛极必衰，等等。我们做任何事情都要顺应天道，不可违逆，绩效管理也如是。绩效管理的"道"就是绩效管理的使命、愿景和价值观，见图2.1。"道"是开展绩效管理工作的理论基础与行动指南，非常重要。

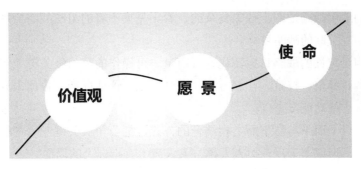

图2.1 绩效管理之"道"

第一节 绩效管理的使命

所谓使命就是一个组织或一项事业存在的理由与依据,它回答了"为什么而存在"的问题。比如,阿里巴巴的使命——让天下没有难做的生意。换句话说,阿里巴巴存在的意义就是让天下的生意都不难做,否则它就没有存在的必要了。再如,迪士尼的使命——使人们过得快活;苹果电脑的使命——借推广公平的资料使用惯例,建立使用者对网际网络之信任和信心;华为的使命——聚焦客户关注的挑战和压力,提供有竞争力的通信与信息解决方案和服务,持续为客户创造最大价值。

那绩效管理的使命是什么呢?根据我们的理论研究与企业实践,绩效管理的根本使命就是助力组织战略落地、管理提升、业绩倍增,三者缺一不可,见图2.2。

图2.2 绩效管理的使命

一、战略落地

本质上,绩效管理就是战略落地的工具。

首先，我们运用战略地图把抽象复杂的、看不见摸不着的组织战略梳理成一系列具有因果关系的、相互关联的战略目标。

其次，把相对定性的战略目标转化为可衡量、可操作的公司级关键业绩指标，并为关键业绩指标配备目标值、权重、计算方式、评分方法、评估周期、数据来源等要素，使关键业绩指标具备实战功能。

再次，通过自上而下与自下而上相结合的方式，把公司级关键业绩指标层层分解到部门、岗位、员工，形成"千斤重担人人挑、人人肩上有指标"的局面。

最后，通过全周期的绩效过程管控、定期的绩效评估和定期的绩效激励，推动组织战略目标的达成。

这样，通过绩效管理可以让通常看起来高、大、空、远的战略稳稳当当地软着陆，所以，让战略落地是绩效管理在基因里就带着的天然使命。

二、管理提升

绩效管理本身就是一套精密的管理系统。如果作为管理系统都无法提升组织的基础管理水平，那就如同菜刀不能切菜，学校不能育人一般，也就失去了存在的意义。所以，绩效管理必须把管理提升作为其重要的使命。

根据我们多年来在企业实施绩效管理咨询项目的经验，一旦绩效管理在一个企业落地生根，就可以倒逼该企业战略管理、业务管理、质量管理、过程管理、数据管理、会议管理、沟通管理等水平的提升。比如战略管理，一个真正意义上实施了绩效管理的企业，必然要去加强自身的战略管理水平，使其战略从无到有、从模糊到清晰，否则，绩效管理就成了无源之水、无本之木。再如质量管理，Kathleen Guin(1992)指出："实际上，绩效管理过程可以加强全面质量管理(TQM)。因为绩效管理可以给管理者提供TQM的技能和工具，使管理者能够将TQM看作组织文化的一个重要组成部分。"

三、业绩倍增

可能有人会产生疑惑，绩效管理属于人力资源管理的工作范畴，而提升经营业绩是业务部门的职责，为何绩效管理要把业绩倍增作为自己的使命呢？绩效管理在传统意义上确实是人力资源管理的专业领域，这也是当今的主流观点。但我们需要重新审视绩效管理属于人力资源管理的传统认知，这种认知已经不能反映现代绩效管理的本质，并可能让这颗皇冠上的明珠泯然众人矣。

决不能把绩效管理仅仅当成一项职能性工作，一项费用中心的工作，而是要把它当成一项经营性工作，而作为经营性工作，那就一定要锁定并追求财务业绩的增长。开展绩效管理工作而不追求财务业绩的增长，就如同学习而不求回报一样，会让我们的工作效果大大贬值。事实上，战略落地也好，管理提升也好，最终还是要体现为财务业绩的增长，这才是硬道理。根据我们的经验，客户之所以对一个绩效管理咨询项目超预期满意，主要是因为项目实施完成后,通常在3~6个月之内,就能为客户带来财务业绩较大幅度的增长。另外,对于很多组织的最高领导者而言,他们并不关心HR掌握了多少绩效管理的理论、方法、工具,他们最关心的就是HR的绩效管理工作有没有带来实实在在的财务业绩的增长,有没有帮助企业解决实际的管理难题。所以,绩效管理必须肩负起业绩倍增的伟大使命。

清晰的使命可以使绩效管理工作获得外部更多的理解和支持,赋予绩效管理工作以价值和意义,强化绩效管理工作者的内在激励,激发人的使命感和责任感,这才是绩效管理存在的意义,也是绩效管理成功的基石。

第二节
绩效管理的愿景

所谓愿景就是一幅描绘组织期望未来成为什么样子的图景,换句话说就是组织未来要实现的目标。比如,阿里巴巴的愿景——成为持续发展102年的公司;迪士尼的愿景——成为全球的超级娱乐公司;苹果电脑的愿景——让每人拥有一台计算机;麦当劳的愿景——成为世界上服务最快、最好的餐厅。那绩效管理应该确立什么样的愿景呢?我们认为,绩效管理的愿景就是成为建设一个卓越组织的发动机。

绩效管理要成为建设一个卓越组织的发动机,为组织的做大、做强、可持续提供不竭的动力,成为组织最有效的管理手段。那么如何判断绩效管理是否实现了这个愿景呢?至少要达成图2.3中的三大目标。

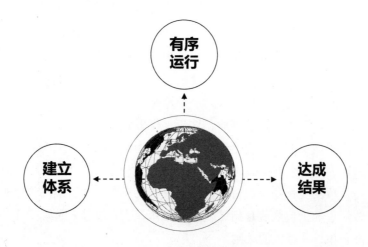

图2.3 绩效管理的三大目标

一、建立体系

建立体系是指建立以战略为导向、科学完备的绩效管理体系，组织的绩效管理工作有法可依、有章可循。

二、有序运行

有序运行是指绩效管理已经成为组织重要的、日常的管理工作在有序运行，组织的绩效管理工作执法必严、违法必究。

三、达成结果

达成结果是指绩效管理帮助组织达成了看得见、摸得着的有形成果。比如，通过实施绩效管理推动组织的营业收入增长30%；员工调查显示，80%以上的员工认为组织的整体管理水平有较大提升；能力评估显示，员工的整体能力水平稳步提升；绩效管理的理念深入人心，"业绩导向"的组织文化基本形成；等等。

事实上，这三大目标不仅是我们判断绩效管理是否实现其愿景的主要标志，也是判断绩效管理是否在组织内部成功落地的最佳证明。最后，我们认为，一个好的绩效管理愿景如同茫茫夜色中的一座灯塔，指引前进的方向，激励绩效管理实践者奋勇前行。

第三节
绩效管理的价值观

价值观是一个组织或个人判断是非的标准和指导行为的准则。比如，华为的核心价值观——以客户为中心、以奋斗者为本、长期艰苦奋斗、坚持自我批判；苹果电脑的核心价值观——提供强大的计算能力。我们认为，无论是从事一项伟大的事业，还是做一份极度平凡的工作，如果我们希望把这项事业、这份工作做到极致，那么就没有什么比坚守一个清晰、明确、充满正能量的价值观更重要的了。华为从一家默默无闻的代理公司发展成为今天令中国人引以为傲的全球化公司，与其始终不渝地坚守自己的核心价值观不无关系。

绩效管理是一项需要长期艰苦奋斗的事业，如果没有一个正确的价值观作指导，极易剑走偏锋。绩效管理的价值观就是指绩效管理工作者在开展绩效管理工作的过程中坚守的判断是非的标准和指导其行为的准则。

基于对优秀公司先进经验的学习与借鉴，基于对绩效管理长期的理论研究，基于对大量绩效管理落地项目的深度思考，我们认为，开展绩效管理工作应该坚守这样的核心价值观——以帮助员工发展为中心，为组织创造高价值。

基于这样的核心价值观，在开展绩效管理工作的过程中，必须摒弃交差完事的工作心态，摒弃以考核员工为中心、以发放奖金为结果的工作模式，让绩效管理工作的每一个环节都紧紧围绕着"员工的发展"这个中心开展，通过提升个体员工的能力从而提升个体员工的绩效，通过提升个体员工的绩效从而提升组织的绩效，通过提升组织的绩效从而为组织创造高价值。

回到本章开篇案例提出的问题：究竟是什么帮助咨询团队化解了危机？其实就是我们咨询团队牢牢坚守的"以客户为中心，为客户创造价值"的核心价值观。因为有了这样的价值观作指导，在项目实施的过程中，只要是"想客户之所想，急客户之所急，为客户创造价值"的工作，无论多么辛苦，我们都会主动且心甘情愿地去做。这样的事情在我们的绩效管理咨询项目中不胜枚举。比如，有的客户由于没有经验，在项目洽谈期间没有真正摸清自己的需求，而在项目开始后提出增加工作内容，新增加的工作内容会耗费我们大量的时间与精力，但是由于客观原因，客户也无法为新增加的工作内容额外支付咨询费用，遇到这种情况，我们都会无偿且高质量地帮助客户完成新增加的工作。再如，由于客户的原因导致项目周期比计划延长了一个半月，客户主动提出给我们增加项目费用，考虑到客户公司因一些客观因素财务状况不是特别好，我们就婉言谢绝了客户的好意。每个项目我们都尽最大努力让客户超预期满意，客户与我们进行二次、三次合作已成为常态。

最后，切不可把"以帮助员工发展为中心，为组织创造高价值"的核心价值观当成一句口号或者是一条贴在墙上的标语，而是要让它深深地融入我们的骨髓与血液，成为指导我们行为的根本准则，如果这样，你的绩效管理工作想不成功都难。

第四节
角色与职责

陶艺(化名)是一家生物医药公司的人力资源部负责人，近期，为应对外部的竞争与挑战，提升内部的管理效率，公司董事会决定在公司全面推行绩效管理。作为该项工作的主要负责部门，陶艺及其团队立即投入紧张而忙碌的各项工作中，梳理战略、优化职责、设定指标，组织各种会议，开展各类沟通，整天忙得晕头转向。与人力资源部的繁忙景象形成鲜明对比的是，公司老板觉得将这件事交给了人力资源部，自己就可以做甩手掌柜。公司各部门负责人认为绩效管理是人力资源部的工作，都抱着"事不关己、高高挂起"的心态，在那儿静待花开。结果可想而知，绩效管理推行得很不顺利。按照惯例，总要有人为此买单，于是人力资源部就成了众矢之的，老板批评他们工作不力，各部门负责人指责他们专业能力不足且强行摊派额外工作，基层员工抱怨他们把公司弄得乱七八糟，陶艺及其团队真是"猪八戒照镜子,里外不是人"。陶艺感到非常委屈和困惑,付出那么多,换回来的却是一堆责难,她禁不住问自己:难道绩效管理就是人力资源部一个部门的事情吗?

虽然绩效管理在传统上属于人力资源的专业领域,但开展绩效管理工作绝对不是人力资源部一个部门的事情,组织各级员工都在其中扮演着重要的角色并承担相应的职责,角色明晰、职责明确是开展绩效管理工作的基础与前提。下面本书将从非HR人员和HR人员角度分别阐述其角色与职责。

一、非HR人员

非HR人员是指除专业的人力资源人员之外的组织各级员工,包括但不限于最高领导者、各级管理者和基层员工。他们在绩效管理工作中的角色与职责详见表2.1。

表2.1 非HR人员的绩效管理角色与职责

序号	人员类别	角色	职责
1	最高领导者	决策者	确定方向、掌控大局、坚定支持、带头执行
2	各级管理者	执行者	对绩效管理的落地实施承担主要责任,按要求完成自己的绩效管理工作
3	基层员工	改进者	持续不断地提升自己的能力,进而持续不断地提升自己的绩效

二、HR人员

在绩效管理推行与落地的过程中,HR人员始终扮演着非常关键的角色并承担着与其角色相匹配的重要职责。根据笔者在实践中的观察、研究与思考,HR人员应扮演4种角色、承担4种职责,见图2.4。

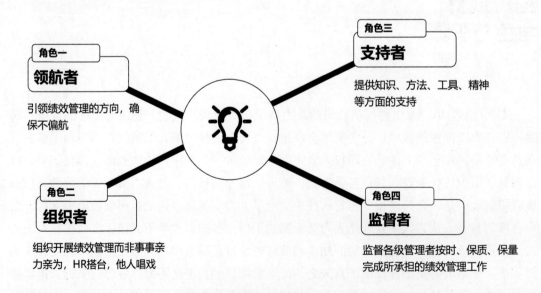

图2.4 HR的绩效管理角色与职责

(一) 领航者

HR是领航者。基于这一角色，HR的职责是引领绩效管理这艘巨轮始终行驶在正确的航线上。或许有人会问，领航者不是组织的最高领导者吗？没错，从理论上讲，最高领导者确实应该是领航者，如果他们能真正担负起绩效管理领航者的角色，当然是再好不过的事了。但是理想很丰满、现实很骨感，就现实情况来看，绝大多数组织的最高领导者都很忙，他们不太可能把大量的时间与精力放在绩效管理上，也不具备引领绩效管理的专业能力，所以，最高领导者在绩效管理工作中往往都是名义上的领航者，在这种情况下，HR人员必须担负起真正的领航者的角色。

(二) 组织者

HR是组织者。基于这一角色，HR的职责是组织开展各项绩效管理工作而非事事亲力亲为。比如，HR人员负责组织实施绩效指标设计而不是亲自把所有部门、员工的绩效指标设计出来，事实上绩效辅导、考核评分、绩效面谈、绩效改进等也如是。绩效管理实施的主要责任还是要落在各级管理者肩上，即HR搭台、管理者唱戏。

(三) 支持者

HR是支持者。我们说HR搭台、管理者唱戏，事实上，如果HR只是搭了个台，任凭管理者去唱，绝大多数的管理者是唱不好绩效管理这出戏的。所以，HR必须为他们提供必要的支持，包括但不限于提供绩效管理的知识、方法、工具，以及在他们与员工发生冲突时帮助他们化解冲突，在他们遇到挫折时提供精神与心理方面的支持。支持者是HR人员在绩效管理的执行阶段扮演的极其关键的角色。

(四) 监督者

HR是监督者。HR人员引领方向，进行组织，提供支持，那各级管理者究竟有没有按规定动作唱好自己的戏呢？所以，HR还需要扮演监督者的角色，基于这一角色，HR的职责是监督各级管理者是否按时、保质、保量完成所承担的绩效管理工作，并据此奖励先进、鞭策后进。

如前文所述，角色明晰、职责明确是开展绩效管理工作的基础与前提，所以，无论是组织的最高领导者、各级管理者、基层员工还是HR人员，都一定要牢记各自的角色和职责，做到到位不越位、支持不代劳，切不可"该做的不做，不该做的乱做"。

本章结语

本章重点阐述以下4个问题：绩效管理的使命是什么，绩效管理的愿景是什么，绩效管理的核心价值观是什么，组织的各级人员在绩效管理中的角色与职责是什么。其中，使命、愿景和价值观就是绩效管理的"道"，这个"道"是开展绩效管理工作的理论基础与行动指南，是绩效管理的基石。可能会有人认为"道"比较虚，但笔者以为一点都不虚，如果你觉得它虚，可能是因为它不适合你现在的阶段与状态，如果有一天你突然觉得虚的东西很实的时候，或许你的思维与能力就会有大的突破。

务完了"虚"，就转而务"实"，下面我们就要开始绩效管理的实际操作了。本书第一章第二节明确指出，绩效管理源于战略且服务与服从于战略，所以，本书的实际操作就从战略开始讲起。欲知如何，请阅读本书第三章——梳理组织战略。

第三章
梳理组织战略

■ 问题聚焦

本章聚焦于解决如下5个关键问题，建议您务必掌握：
- 什么是平衡计分卡与战略地图？
- 如何设定财务层面的公司级目标？
- 如何设定客户层面的公司级目标？
- 如何设定内部流程层面的公司级目标？
- 如何设定学习与成长层面的公司级目标？

■ 开篇案例

天畅的尴尬

2021年7月，一个闷热潮湿、酷暑难耐的下午，一阵急促的手机铃声在笔者的耳边响起，接通之后，一个焦灼不安的声音从电话那头传来："喂，王老师吗？我是天畅(化名)，我遇到了一件棘手的事儿，向您求助……"

2021年5月，天畅入职一家智能柜行业的准独角兽公司，任职高级绩效经理。天畅的沟通表达能力很强，形象气质良好，情商也高。入职面试时，面对包括公司老板在内的多位面试官的提问，他镇定自若、侃侃而谈，对绩效管理的理论、方法、工具以及实际操作流程似乎都非常有见地，尤其是当他谈到绩效管理最忌讳"头痛医头、脚痛医脚"，一定要有全局意识，要从组织战略入手时，包括老板在内的面试官们均频频点头。天畅顺利地加入这家发展前景良好的准独角兽公司。

入职后，老板交给天畅的第一项工作就是让他组织公司的中高层管理者，着手重新梳理企业战略，从而为后续改革公司现行的绩效管理体系奠定基础。尽管在面试的时候，天畅战略长、战略短，头头是道，但是到了真刀真枪的实操阶段，他心里完全没底。刚开始,天畅还能以对公司的情况不熟为由,为自己争取时间。但随着时间的推移,老板的催促一遍比一遍紧,天畅的内心越发惶恐起来。此时天畅尚处在试用期,他对这个公司比较满意,很想转正,所以他特别不愿意在这个节骨眼上暴露自己的不足,希望能够延续面试时的荣光。但是想想自己在面试时的夸夸其谈,入职后老板期待的眼神以及现在的迷茫,真是叫天天不应,叫地地不灵,无奈之下,他只好向外界求助。

如果天畅求助的人是你,你会如何帮助天畅梳理企业战略?

提起战略,很多人的第一感觉常常是高、大、空、远,如空气般看不见、摸不着,不知道如何梳理;还有很多人认为自己的公司根本就没有战略,巧妇难为无米之炊,实在无法梳理。这些都是我们在管理咨询工作中遇到的常见问题。关于战略,我们的观点:第一,战略一点都不空,相反它非常实在,触手可及,只是你目前的能力限制了你的认知。第二,只要是正常经营的企业就一定有它的战略,只不过这种战略或者存在于高层领导者的大脑中,而非以正式的书面形式呈现;或者散落于高层领导者在各类场合的讲话及公司各类文件文档中,而非以正式、系统、集中的形式呈现;或者以上两种情况兼而有之。

坦率地说,梳理组织战略确实不是一件容易的事情,这也是本书的重点与难点。首先,我们将本章的组织限定为公司形式的组织。其次,学习方式以实践操练为主,所以请选择一家你比较熟悉的拥有完整战略的公司或业务单位,最好是你目前在职或曾经工作过的公司或业务单位,我们在本章带你一起把战略梳理出来。最后,我们需要借助并掌握两个经典的管理工具——平衡计分卡与战略地图。本章就从平衡计分卡开始说起。

第一节 平衡计分卡

一、平衡计分卡的产生

1990年,哈佛大学商学院教授罗伯特·卡普兰和复兴全球战略集团总裁大卫·诺顿共同参与了一个名为"未来的组织业绩衡量"的研究项目,这个项目由毕马威公司赞助,对当时业绩领先的12家公司进行了为期一年的研究,这些公司包括苹果电脑、通用电气、惠普、杜邦、南方贝尔、加拿大壳牌石油等。开展这个研究项目的目的就是要找出一种新的超越传统的以财务量度为主的业绩评价新模式。1992年,卡普兰和诺顿在《哈佛商业评论》发表了第一篇论文《平衡计分卡:业绩驱动指标》,这篇论文标志着平衡计分卡(balanced score card，BSC)研究和应用的开始。1996年，《平衡计分卡——化战略为行动》的出版，标志着这一理论走向成熟，平衡计分卡也由一个业绩衡量工具转变为战略实施工具。《哈佛商业评论》给这本书的评价是"75年来最伟大的管理工具"，对业界产生了非常大的影响。据Gartner Group的调查显示：《财富》前1000强的公司中，有70%的公司都使用了平衡计分卡。例如著名的美孚石油，1993年的盈利率行业倒数第一，使用平衡计分卡后，从1995年起，盈利率连续4年保持行业第一。

二、平衡计分卡的定义

多年以前，笔者带着敬畏之心虔诚地拜读了《平衡计分卡——化战略为行动》。拜读之前，笔者最想解开的疑惑之一就是什么是平衡计分卡。但通篇读完，发现两位管理大师并没有对什么是平衡计分卡给出非常明确的定义。当然也可能是因为笔者的悟性不够，没有发现。我们始终不渝地相信，只有知道了"what"，才能知道"how"。基于此，我们就根据自己的研究、思考以及应用平衡计分卡的实践，给平衡计分卡下了一个原创性的定义，就当是进行一次"无知者无畏"的探索，供大家参考。

我们认为，所谓平衡计分卡就是从财务、客户、内部流程、学习与成长4个层面，把组织的愿景与战略转化为一系列具有因果关系的、可执行的目标、指标、目标值、行动方案，从而对组织进行业绩评价与战略管理的工具。

为了便于大家理解并掌握这个定义，下面对定义进行拆解。

(1) 从本质上来说，平衡计分卡就是一种工具，那么它是一种什么样的工具呢？

(2) 平衡计分卡是一种进行业绩评价与战略管理的工具，那么平衡计分卡如何实现其业绩评价与战略管理的功能呢？

(3) 平衡计分卡通过把组织的愿景与战略转化为目标、指标、目标值、行动方案，从而实现其业绩评价与战略管理的功能，那么如何进行转化呢？

(4) 平衡计分卡从财务、客户、内部流程、学习与成长4个层面进行转化。

上述平衡计分卡的定义是我们能够看得到的平衡计分卡，笔者称之为"冰山之上"的平衡计分卡，但在"冰山之下"，平衡计分卡揭示了一个非常重要的内在逻辑。我们知道平衡计分卡有4个层面，那为什么不是3个、5个或6个层面呢？平衡记分卡之所以有4个层面，是由其内在逻辑决定的，这个内在逻辑是什么呢？

三、平衡计分卡的逻辑

(一) 4个层面的关系

平衡计分卡4个层面的含义见图3.1。

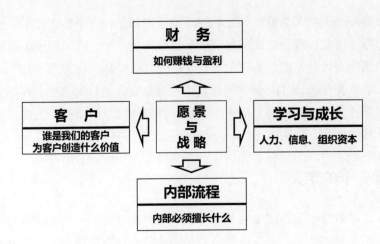

图3.1 平衡计分卡4个层面的含义

平衡计分卡的4个层面之间不是彼此独立的关系，简单来讲，一个组织如果希望赚钱，那必须要有客户；如果希望从客户那里赚到钱，必须为客户创造价值；如果想为客户创造价值，组织在内部必须有所擅长，或者说要具有核心竞争力；如果组织要有所擅长，必须有员工能力、信息系统和组织一致性等无形资产的强力支撑；如果要让组织的无形资产持续支撑内部流程，必须要对员工能力、信息系统和组织一致性进行投资，而投资所需要的钱来自财务。综上，这4个层面形成了以因果关系为纽带、环环相扣的战略闭环。

(二) 关于平衡

平衡计分卡中的"平衡"体现在哪里呢？体现在财务指标与非财务指标的平衡、内部指标与外部指标的平衡、结果指标与驱动指标的平衡、短期指标与长期指标的平衡。正是这种平衡体现出平衡计分卡是一种超越传统的以财务量度为主的业绩评价的新模式，有利于组织减少短期财务指标与长期非财务指标的激烈冲突。笔者曾经有幸聆听清华大学经济管理学院宁向东教授讲过一个案例，印象深刻，在此也分享给大家。十几年前，力帆的董事长尹明善先生每年都会花很多时间去发现公司里面的人才，通过企业内部的"科举考试"选拔贤能。宁教授就问尹先生为什么要这样做，尹先生回答说经理人一般都只关心当期的财务业绩，不太关心培养新人，特别是组织骨干，所以，老板就必须要花很多时间去想着培养人的事。尹先生认为，人是企业发展的百年大计。在听尹先生回答之前，宁教授并没有格外注意这个细节，听过这话，他就开始留意观察，发现事情还真是这样。经理人的任期通常有限，所以，他们的第一要务是把短期的业绩指标做上去，他们会将几乎所有的精力都放在完成当期指标上。人对于企业的价值，他们不是认识不到，而是不愿意花力气去做，因为培养人特别耗时间，投入的精力太多，对于任期有限的经理人来说，得不偿失。这就是典型的长期指标和短期指标、财务指标和非财务指标之间发生冲突的例子。

(三) 内在的逻辑

平衡计分卡平衡的精髓就在于可持续的因果关系，正是这种可持续的因果关系揭示了平衡计分卡深层次的内在逻辑——一个组织如何做大、做强、可持续。

四、平衡计分卡的边界

虽然平衡计分卡是"75年来最伟大的管理工具"，但它不是万能工具，也有其适用的边界。

(1) 实施平衡计分卡最理想的单位是一个拥有完整战略的业务单位，其活动范围遍及整个价值链——创新、经营、营销、分销、服务，而不是任何单位都适合实施平衡计分卡。

(2) 卡普兰和诺顿在《平衡计分卡——化战略为行动》一书中明确指出：平衡计分卡主要是战略实施的机制，而不是战略制定的机制。这表明平衡计分卡主要是业绩衡量和战略落地的工具，但无论是业绩衡量还是战略落地，首先要能够把组织战略清晰地描述出来，因为"如果你不能描述就不能衡量，如果你不能衡量就不能管理"，而描述战略就需要借助另外一个经典的管理工具——战略地图。

第二节 战略地图

战略地图是卡普兰和诺顿在总结平衡计分卡实践的基础上创造出的又一个经典的战略管理工具，笔者将其称为"平衡计分卡之子"。这是因为战略地图脱胎于平衡计分卡，但"青出于蓝而胜于蓝"，简言之，战略地图是平衡计分卡的发展与升华。

一、战略地图的定义

所谓战略地图就是对组织战略要素之间因果关系的可视化表达，是描述战略的通用模板和沟通战略的通用语言，描述了组织是如何创造价值的。运用战略地图，可以梳理出一套相互关联的战略目标，最终达成组织战略。

为了便于大家理解并掌握这个定义，下面对此定义进行拆解。

(1) 可视化就是指让战略及其实现路径由之前的高、大、空、远变得清晰可见、触手可及。相关研究表明，人类对看得见的东西更容易认知。

(2) 通用模板的作用是使用者可以据此"照猫画虎"般把一个特定组织的战略描述出来，把组织战略讲述清楚。

(3) 这里的通用语言不是指像汉语、英语等人们日常交流用的语言，而是指语言背后的价值观与思维方式的一致性。通过战略地图，组织内部成员在沟通战略时能够在同一个频道上，而不是你说东我说西、你逮狗我捉鸡。

(4) 战略地图可以非常清晰地展现组织价值创造的路径与内在逻辑，我们可以在后续战略地图的学习中非常清晰地感受到这一点。

(5) 从战略绩效管理的角度看，我们之所以使用战略地图这个管理工具，就是因为要梳理出一个又一个相互关联的战略目标，这个非常重要，是后续绩效指标设定与分解的基础。

二、理解战略地图

通过以上对战略地图的定义与拆解，相信大家会对战略地图有一个初步的概念。坦率地说，战略地图是一个精密且复杂的管理工具，对于很多刚刚接触战略地图的读者而言，战略地图的概念比较晦涩、难懂。下面，我们结合自己的实践经验，换个视角谈谈对战略地图的思考与体会，希望能够对大家理解战略地图有所帮助。

如果你觉得战略地图比较抽象，那么你对自己目前工作与生活所在地区的行政区划图应该不陌生。行政区划图本质上也是对组成该区域的各种要素的空间分布及相互关系的可视化表达。我们知道，某一地区的行政区划通常由行政中心和若干个市县、乡镇、建制村等组成，它们共同勾勒出该地区特有的形状，比如像一个弯弯的月牙。那是不是把这些行政中心、市县、乡镇、建制村等随意堆砌在一起就可以组成"月牙"了呢？显然不是，它们是按照一定的顺序与规律排列在一起才组成了"月牙"。假如我们把该地区比喻成一个巨型企业，那么行政区划图上的行政中心、市县、乡镇、建制村等就相当于一个个企业战略目标，这些战略目标共同描述出这个"巨型企业"的发展战略。事实上，战略地图也如是。你可以这样理解战略地图——把组织战略呈现在一张图上就是战略地图。如果再延伸一步，所谓战略地图就是把组织的多个战略目标，按照一定的因果逻辑关系，标在一张图上，从而把组织的战略全貌清晰地描述出来。

三、战略地图模板

在阐述了战略地图的定义和如何理解战略地图后，我们再来看看战略地图究竟长什么样。

(一) 标准版模板

首先向大家呈现战略地图的标准模板，具体见图3.2。

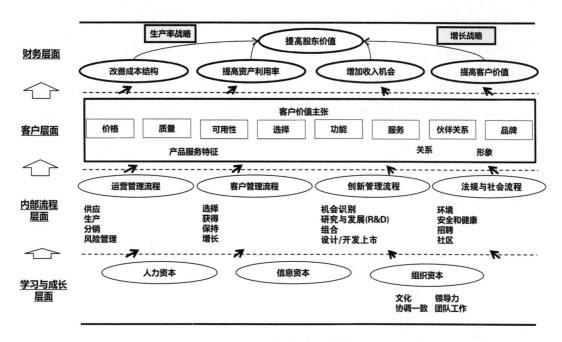

图3.2 战略地图的标准模板

(二) 加强版模板

加强版模板是我们在管理咨询项目中，根据实际的工作需要进行一定补充的战略地图模板，主要是在客户层面加入了客户定位与客户目标。战略地图的加强版模板见图3.3。

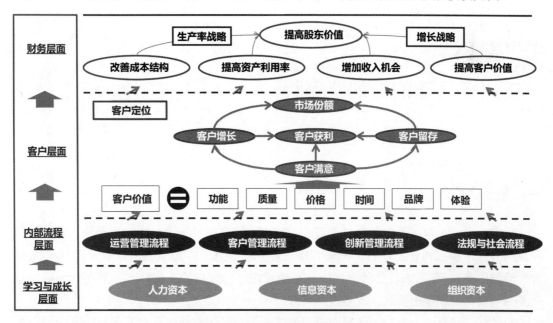

图3.3 战略地图的加强版模板

（1）战略地图加强版模板分为左半边与右半边两部分，左半边是平衡计分卡的4个层面——财务、客户、内部流程、学习与成长，右半边则是在这4个层面分别设定的公司级战略目标。

（2）在财务层面，通常要设定与改善成本结构、提高资产利用率、增加收入机会、提高客户价值相关的公司级目标；在客户层面，通常要设定与客户满意、客户增长、客户留存、客户获利、市场份额相关的公司级目标，同时还要明确组织的客户定位和客户价值主张；在内部流程层面，通常要设定与运营管理流程、客户管理流程、创新管理流程、法规与社会流程相关的公司级目标；在学习与成长层面，通常要设定与人力资本、信息资本、组织资本相关的公司级目标。

（3）现在我们把战略地图模板的左半边与右半边结合起来看，不难发现，战略地图描述组织战略的方式就是分别在财务、客户、内部流程、学习与成长4个层面设定相关的公司级战略目标，公司级战略目标设定完成之时，组织战略也就被清晰地描述出来了。

战略地图模板就如灯塔一般为梳理组织战略提供了清晰的方向与明确的框架，但与此同时，由于组织的情况千差万别，在实际梳理组织战略时，可以依托但决不能依赖与拘泥于这个模板。为了帮助大家切实掌握如何运用战略地图梳理组织战略，本书将结合案例，逐一详细阐述在战略地图的每个层面要设定哪些公司级战略目标。同时，也请大家取出纸和笔，选择一家自己比较熟悉且拥有完整战略的公司或业务单位，本书将带着你梳理你所选择的公司或业务单位的战略。特别提醒，在实践中运用战略地图梳理组织战略，通常由组织中的高层管理者采用共创的形式共同完成。

第三节
设定财务层面的公司级目标

一、提升利润

我们认为，企业的基本使命就是盈利。在市场经济条件下，如果一家企业因长期不盈利走向消亡，那么再好的使命、愿景、价值观也没有意义。如果一家企业长期不盈利(政策性亏损除外)，那意味着它所消耗的社会资源超过其创造的价值，这样的企业无疑就是"流氓企业"。企业想盈利，就要提升利润。

为了提升利润，企业在财务层面设定的第一个公司级目标就是提升利润。

那么如何才能提升利润呢？这其实和咱们家里过日子一样，有两条途径：一是多省钱，二是多赚钱，也就是大家熟悉的开源节流。在战略地图上，多省钱被称为生产率战略，多赚钱被称为增长战略。

二、多省钱

为了提升利润,相对简单可行的办法就是多省钱,那么企业如何在不影响生产经营的前提下做到多省钱呢?

(一) 控制成本费用

日本著名企业家稻盛和夫提出,经营企业要把销售额增加到最多,把经费压缩到最少。所以,首先就是要严格控制各项成本费用支出。比如要控制企业的采购成本、制造成本、物流成本、人力成本、销售费用、管理费用、财务费用等。

所以为了多省钱,在财务层面设定的第二个公司级目标就是控制成本费用。

(二) 提高资产利用率

除了控制成本费用外,企业还要致力于提高资产利用率,包括但不限于提高机器设备的使用效率、提高营运资金的周转率等。稻盛和夫在创业之初就有很强的成本意识,他从不轻易购买新设备,只要旧机器还符合生产标准,就要做到物尽其用。

现在假定某企业为了维持正常运营,每月需要2000万元营运资金。目前这家企业营运的资金周转率是1,也就是每个月周转一次。如果该企业通过内部挖潜,把营运资金周转率由1提高到2,即每半个月周转一次,那么企业每个月需要的营运资金就由2000万元降为1000万元,节省50%的营运资金。

为了多省钱,在财务层面设定的第三个公司级目标就是提高资产利用率。

三、多赚钱

企业为了提升利润,仅仅靠省钱是不够的,而且省钱是有限度的,不可能无限省钱,所以除了多省钱外,企业还必须多赚钱。那企业如何多赚钱呢?

(一) 增加新的收入来源

通过开发"三新"——新产品、新客户、新市场,增加新的收入来源。比如,苹果公司的iPhone手机每年都推陈出新;宝洁公司一次性尿布的目标客户从最早的婴幼儿逐步扩展到行动不便的老人与病人;小米手机的目标市场从国内市场扩展到海外市场。这些企业通过不断开发新产品、新客户、新市场,持续增加新的收入来源。

为了多赚钱,在财务层面设定的第四个公司级目标就是增加新的收入来源。

(二) 提高老客户消费额

除了通过"三新"增加新的收入来源外,企业还要瞄准已有客户深度挖潜。假定某个老客户当前购买甲企业的产品或服务的金额是1万元/年,甲企业如果通过努力让这个老客户的购买金额超过1万元/年,这就是提高了老客户的消费额。相比开发新产品、新客户、新市场,提高老客户的消费额具有难度小、成本低等突出优点。日常生活中,提高老客户消费额的案例随处可见,比如客人在餐馆、商场消费后商家给予赠券,美容美发店针对会员客户推出充值促销活动等。

为了多赚钱,在财务层面设定的第五个公司级目标就是提高老客户消费额。

四、财务层面的公司级目标

根据以上分析,在财务层面通常设定5个公司级目标,分别是提升利润、控制成本费用、提高资产利用率、增加新的收入来源和提高老客户消费额。财务层面的公司级目标见图3.4。

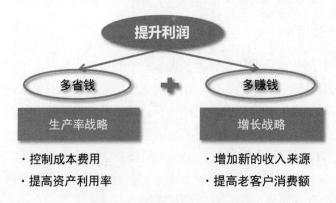

图3.4　财务层面的公司级目标

关于设定财务层面的公司级目标,根据我们的经验,在实际操作时要进一步细化,以便可落地、可执行。建议重点关注以下5点。

(1) 在设定"提升利润"的公司级目标时,最好明确要提升哪一种利润,比如是毛利润、税前利润还是净利润,这样相比笼统的提升利润更好执行。

(2) 在设定"控制成本费用"的公司级目标时,最好明确要控制哪一类成本费用。建议控制以下3类成本费用。

① 在企业总成本费用中占比最大的成本费用;
② 在企业总成本费用中重要程度最高的成本费用;
③ 在企业总成本费用中可压缩空间大的成本费用。

特别提醒:对于一个刚刚开始推行绩效管理的企业,通常情况下不建议把人力成本纳入首轮控制的范围,以避免影响员工士气。

(3) 在设定"提高资产利用率"的公司级目标时,最好明确要提高哪一类资产的利用率,比如是机器设备、厂房仓库、存货还是现金。

(4) 在设定"增加新的收入来源"的公司级目标时,最好明确通过哪一种方式增加新的收入来源,比如是新产品、新客户还是新市场。

(5) 在设定"提高老客户消费额"的公司级目标时,最好明确要提高哪一类老客户的消费额,或者明确是提高某一类老客户的消费额还是要提高所有老客户的消费额。

五、企业案例

下面,我们结合一家互联网医疗传媒公司的案例,为大家进一步解析如何在财务层面设定公司级目标。其公司概况见图3.5。

图3.5 互联网医疗传媒公司概况

该公司召集全体中高层管理者和部分基层骨干员工,花了整整两天时间,通过战略共创的形式,汇集群体智慧,全面梳理其组织战略,分别设定了财务、客户、内部流程、学习与成长层面的公司级目标。其中,战略地图中财务层面的公司级目标见图3.6。

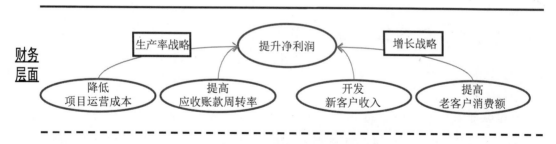

图3.6 战略地图中财务层面的公司级目标

(一) 提升净利润

该公司在财务层面设定的第一个公司级目标是提升净利润,而不是笼统地说提升利润,这样更加聚焦。事实上,企业的净利润才代表真正的盈利。

(二) 降低项目运营成本

该公司在财务层面设定的第二个公司级目标是降低项目运营成本,因为运营成本是该公司除人力成本外占比最高的成本,并且有较大的可压缩空间。

(三) 提高应收账款周转率

该公司在财务层面设定的第三个公司级目标是提高应收账款周转率,因为该公司应收账款的回收期过长,已经严重影响了公司的资金利用效率。

(四) 开发新客户收入

该公司在财务层面设定的第四个公司级目标是开发新客户收入,这是因为公司的竞争战略是全面客户解决方案,同时,相比开发新产品、新市场,该公司在开发新客户方面更有优势。

(五) 提高老客户消费额

该公司在财务层面设定的第五个公司级目标是提高老客户消费额,这表明公司在战略上没有对老客户进行区分,而是希望提高所有老客户的消费额。

六、实践操作

至此,关于如何在财务层面设定公司级目标就全部讲完了。下面进入实践操作环节,请大家根据本书的讲解,为自己所选择的公司或业务单位设定财务层面的公司级目标。

第四节
设定客户层面的公司级目标

在战略地图财务层面设定的所有公司级目标都围绕着一个关键字——"钱"。我们说企业的基本使命就是盈利,盈利就要赚钱,那么钱从哪里来呢?有人说投资人、债权人都可以给钱。这个说法没错,但对于一家企业而言,最有价值的钱无疑来自客户,所以要赚钱必须要有客户,下面就进入战略地图的第二个层面——客户层面。为了支撑财务层面的"赚钱"目标,在这个部分必须着重阐述三个问题:客户定位、客户目标、客户价值。

一、客户定位

对于一家企业而言,如果它认为所有人都是它的客户,那么所有人都不是它的客户,成功的企业都有清晰、精准的客户定位。以汽车企业为例,大众汽车旗下有三个品牌,即速腾、迈腾、辉腾,虽然同样是"腾",但其客户定位有显著差异。速腾的定位是价格敏感型客户群,迈腾的定位是中端客户群,辉腾的定位是高端客户群。再如,同样是高端汽车品牌,奔驰的定位是偏好乘坐舒适的客户群,宝马的定位是偏好驾驶乐趣的客户群,沃尔沃的定位是偏好安全的客户群。

说起"非洲手机之王"——传音手机,可能很多人都不太了解,甚至从来没有听说过。但要是说起它的前身波导手机,尤其那句至今让人耳熟能详的广告语"波导手机,手机中的战斗机",相信很多人都听说过。传音手机在国内的知名度不高,这和它的客户定位有很大关系。传音手机的客户定位是非洲人民,基于这个客户定位,传音手机采用了极致的本土化策略,具体来讲:第一,以功能手机为主,价格低,与非洲地区的经济发展水平相适应;第二,电力强大,待机时间长,并可当手电筒使用,与非洲地区电力供应不足相适应;第三,能用手机喇叭实现低音炮的效果,与非洲人民热爱唱歌跳舞相适应;第四,定制化拍照模式,解决了非洲人民的最大痛点。传音手机的研发团队专门针对非洲人的肤色和面部特征,开发出用牙齿和眼睛来定位脸部的"智能美黑"技术,在此基础上推出了非洲版的美颜和滤镜,能把非洲人民拍得更加白皙。精准的客户定位加上极致的本土策略,让传音手机成为"非洲手机之王"。根据国际数据公司IDC公布的非洲手机市场数据,2021年非洲智能手机出货量第一名是传音手机,占47.9%的市场份额;功能手机出货量第一名也是传音手机,占78%的市场份额。

精准的客户定位对企业至关重要,也是企业在财务层面"赚钱"的基础与前提。此外,只有精准定位谁是自己的客户,才能针对目标客户群精准设定企业战略地图客户层面的公司级目标。

二、客户目标

通常情况下,在客户层面会设定5个公司级目标,包括客户满意、新客户增长、老客户留存、扩大市场份额和提高客户获利。客户层面的公司级目标见图3.7。

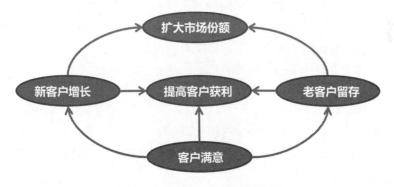

图3.7 客户层面的公司级目标

(一)客户目标的含义

客户满意、新客户增长、老客户留存、扩大市场份额都比较好理解,而提高客户获利则比较容易产生歧义,客户层面的5个公司级目标的含义见表3.1。

表3.1 客户目标及含义

序号	客户目标	含义
1	客户满意	反映客户的满意程度，是其他4个客户目标的基础
2	新客户增长	反映企业吸引或赢得新客户、新业务的情况
3	老客户留存	反映企业与既有客户保持或维系关系的情况
4	提高客户获利	它是指提高企业自身从客户那里获得的收益，而不是指企业帮助客户获得更多的收益，反映企业扣除支持客户所需的费用后的获利情况
5	扩大市场份额	反映企业在特定市场中所占的业务比率

(二) 客户目标的选择

在管理咨询工作中，经常有客户询问我们如何从以上5个公司级目标中选择适合他们企业的客户目标。我们建议，以对公司的重要程度为横轴，以达成的紧迫程度为纵轴，将上述5个公司级目标分别放入不同的象限，重要程度与紧迫程度都很高或比较高的客户目标就是客户层面的公司级目标。当然，在实际操作过程中，可能你会认为5个公司级目标都很重要也都很紧迫，这又该如何选择呢？从理论上讲，企业确实可以将客户满意、新客户增长、老客户留存、提高客户获利和扩大市场份额均作为其战略地图客户层面的公司级目标，但是这么做一定会分散企业的资源与能力，并可能导致企业陷入"什么都想做但什么都没做好"的尴尬境况，所以我们的建议是：选择1～2个，最多不超过3个公司级目标作为自己企业的客户层面的公司级目标。

确定客户层面的公司级目标后，如何才能达成客户目标呢？显然，无论是希望客户满意、新客户增长、老客户留存还是希望提高客户获利、扩大市场份额，企业都必须能够为客户创造价值。对于一家企业而言，明晰自己能够为客户创造的核心价值点非常重要，客户价值既是财务层面赚钱的"因"，又是后续内部流程层面流程设计的"果"。

三、客户价值

虽然不同的企业能够为其客户创造的价值有所不同，但卡普兰和诺顿从为不同企业构建的平衡计分卡中发现，几乎所有企业的客户价值主张都有一套共同的特征。客户价值主张通用模板见图3.8。

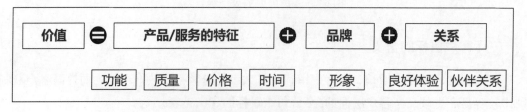

图3.8 客户价值主张通用模板

(一) 产品/服务的特征

一家企业可以通过其产品或服务本身具有的特征，比如产品/服务的功能、质量、价格、时间等，为客户创造价值。

1. 功能

假如有一款专为老人设计的，具有一键呼救功能的手环，在发生紧急情况时，只要老人按一下手环上的呼救键，手环就可以将求助信息发送给老人的亲属和定点医疗机构，从而可以挽救很多老年人的生命。这个一键呼救功能就可以为客户带来极高的价值。

2. 质量

这是一个发生在第二次世界大战期间，美国空军和降落伞制造商之间的真实故事。美国空军要求降落伞制造商生产的降落伞的良品率必须达到100%，但在当时，由于降落伞的安全度不够完美，即使制造商努力改善质量，降落伞的良品率也只能达到99.9%，应该说这个良品率即使是现在的许多企业也很难达到。于是降落伞制造商的总经理便专程去空军飞行大队商讨此事，看看能否降低这个水准，因为制造商认为，能够达到这个程度已接近完美，但遭到美国空军一口回绝。为此，美国空军改变了检查降落伞品质的方法，从厂商前一周交货的降落伞中随机挑出一个，让厂商负责人装备上身后，亲自从飞行中的飞机上跳下。这个方法实施后，降落伞的不良品率很快就变成了零。降落伞过硬的质量挽救了很多伞兵的生命，给美国空军创造了极高的价值。

3. 价格

2018年8月，笔者在美国乘坐了一次西南航空的航班，切身体验了一下这家被称为"总成本领先战略的鼻祖"的企业是如何做到成本领先的。一是笔者所乘坐的飞机内部空间安排得非常紧凑，以尽可能多载乘客。二是全程两个半小时的航程不提供机餐，只提供一小杯饮料、一小袋干果和一小张湿纸巾。三是乘务人员没有统一的工装且主要是中年女性。西南航空通过实施总成本领先战略，积极返利于民，其机票价格低廉，号称"大巴的价格、飞机的速度"，大大降低了客户的出行成本。

西南航空在为客户创造价值的同时，自身也获得了巨大成功。2001年"9·11事件"后，几乎所有的美国航空公司都陷入了困境，而西南航空却绝处逢生。2005年的运力过剩和史无前例的燃油价格让美国整个航空业亏损100亿美元，达美航空和美国西北航空都申请破产保护，但西南航空却连续33年保持盈利，是自1973年以来连续盈利时间最长的航空公司。

4. 时间

在时间就是金钱的今天，企业能为客户节省时间就是在为客户创造高价值。比如，大家喜欢网购，其中原因之一就是网购能节省时间，京东物流为客户创造的核心价值就是"快"。作为管理咨询工作者，我们发现越是优秀的管理者，越懂得"让专业的人做专业的事"这个道理,他们愿意花钱买时间。而咨询工作者为客户创造的最重要的价值就是大大缩短了客户摸索的时间,为客户赢得了发展的时间。

(二) 品牌

企业向客户提供具有很高的品牌知名度与品牌美誉度的产品或服务,客户使用该产品或服务时,提升了客户自身的形象,这就是品牌为客户创造的价值。比如,很多女士喜欢背LV包,她们之所以喜欢LV包当然不仅仅是为了装东西,更是因为LV这个知名品牌能够加持她们富有、美丽、优雅、有品位的形象,从而提升她们在他人心目中的地位。再如,很多人在应聘时,会在简历中提及自己曾师从某某名人,曾服务过某某名企,本质上也是借助名人或名企的品牌为自己作背书,提升个人形象。

(三) 关系

关系创造价值是指企业通过与客户建立并保持良好的关系,并让客户从关系中受益,从而为客户创造价值。

1. 良好体验

假如你去一家百货商店购物,该商店的店堂明亮,商品款式新颖;店员漂亮、衣着时尚,能叫得出你的名字并面带微笑欢迎你;店员对产品了如指掌,沟通表达清晰流畅;你离开时店员对你表示衷心感谢并欢迎你再次光临。想必这样的购物体验会给你一种非常舒爽的感觉,即使你什么东西也没购买,这家百货商店也为你创造了价值。

下面为大家分享一个发生在海底捞的真实案例。有一位年轻的妈妈带着出生不满六个月的孩子去海底捞用餐,用餐期间,孩子突然哭闹起来,妈妈一看,发现孩子尿了。但是出门的时候走得比较着急,妈妈忘记带纸尿裤了。由于没有及时更换纸尿裤,孩子哭闹得越来越厉害。俗话说"孩子是妈妈的心头肉",看到孩子哭闹,妈妈也完全没有了用餐的好心情。就在这个时候,一位海底捞的服务员走到妈妈的面前,关切地询问孩子怎么了,需不需要帮助。这位妈妈焦急而无奈地说明原因后,让她始料未及的是,服务员说他们店里备有纸尿裤,可以免费提供给她。不一会儿,服务员同时拿来三个品牌的纸尿裤,其中就有这个孩子常用的品牌。经此一次堪称完美的用餐体验,这位妈妈从此成为海底捞最忠实的客户与口碑传播者。

2. 伙伴关系

一方面,通过伙伴关系直接为客户创造价值。比如企业通过与客户建立伙伴关系,对客户的需求做出快速反应,解决客户的燃眉之急,为客户提供24小时服务等。另一方面,通过伙伴关系间接为客户创造价值。比如作为本章案例的互联网医疗传媒公司,它的重要客户之一是医药企业,而这家医疗传媒公司为药企客户创造价值的方式之一就是帮助客户建立起与医疗专家的良好合作关系。

特别提醒：关于客户价值，由于每家企业的客户目标不同，核心能力有别，每家企业为客户创造的核心价值是不同的。上述客户价值主张模板为企业从哪些方面为自己的客户创造价值提供了分析框架，但在实际操作中，企业还需要根据自身的实际情况进行选择，切不可生搬硬套。

四、企业案例

下面，我们继续解析互联网医疗传媒公司的案例，其客户定位、客户目标和客户价值见图3.9。

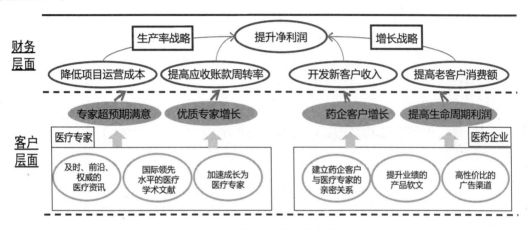

图3.9 客户定位、客户目标和客户价值

(一) 在客户定位方面

该公司把目标客户群分为两类，一类是医疗专家，一类是医药企业，并据此分别设定客户目标和客户价值。在此也建议大家在进行客户定位时，要简洁明了，擅于归纳分类，客户的类别不宜过多。

(二) 在客户目标方面

该公司基于客户定位，根据医疗专家和医药企业两类客户分别设定公司级目标。针对医疗专家，设定的公司级目标为专家超预期满意和优质专家增长，也就是前述5个客户目标中的客户满意和新客户增长；针对医药企业，设定的公司级目标为药企客户增长和提高生命周期利润，也就是前述5个客户目标中的新客户增长和提高客户获利。

(三) 在客户价值方面

该公司基于要实现的客户层面的公司级目标，根据医疗专家和医药企业两类客户分别确定客户价值。针对医疗专家客户，该公司要为他们创造的价值是：提供及时、前沿、权威的医疗资讯；提供国际领先水平的医疗学术文献；帮助医生加速成长为医疗专家(独特价值)。根据前述客户价值主张模板,这三点价值分属于产品/服务特征中的功能、质量、时间。针对医药企业客户,该公司要为他们创造的价值是:提升业绩的产品软文;高性价比的广告渠道;建立药企客户与医疗专家的亲密关系(独特价值)。根据前述客户价值主张模板,这三点价值分属于产品/服务特征中的功能、价格和关系中的伙伴关系。

五、实践操作

至此,关于战略地图客户层面的客户定位、客户目标和客户价值就全部讲解完了。下面进入实践操作环节,请大家根据本书的讲解,针对自己所选择的公司或业务单位,思考谁是你们的客户,并设定客户层面的公司级目标,确定能够为客户创造的价值。

第五节 设定内部流程层面的公司级目标

为了支撑财务层面的盈利,必须要有客户,而如果要从客户那里赚钱就必须能够为客户创造价值,那么如何才能为客户创造价值呢?关于这个问题,哈佛商学院教授、著名战略管理大师迈克尔·波特为我们做了回答。现在就进入战略地图的第三个层面——内部流程,学习在内部流程层面应该设定哪些公司级目标。

一、认识内部流程

内部流程层面不像财务层面与客户层面那样易于理解,它比较抽象。首先要明白什么是流程,如果弄不清楚这个概念,那么你对内部流程的认知就会始终如雾里看花,渴望看清楚但从未看明白。

流程的本质就是如何把事情做好,比如我们要做炒鸡蛋,需要采购鸡蛋、打蛋搅拌、添加调料、倒油入锅、快速翻炒、出锅,这些步骤组成了"炒鸡蛋"的流程,做好这个流程就做好了"炒鸡蛋"这件事。咱们再扩展一下,流程与如何把事情做好有关,那么内部流程不就是与如何把内部的事情做好有关吗?如果我们想把内部的事情做好,是不是应该有所擅长?答案是肯定的,这也呼应了本书在阐述平衡计分卡4个层面的含义时指出的"内部流程就是指内部必须擅长什么"的结论。根据以上分析,我们认为,战略地图中的内部流程是指"为支撑客户价值和'多省钱'的财务目标,企业在内部必须擅长且做好的事情"。打个比方,中国有句古话"没有金刚钻,不揽瓷器活",假如我们把高品质的瓷器比作企业为客户创造的价值,那么这个金刚钻就相当于企业的内部流程。

二、为客户创造价值

现在回到本节开篇提出的问题:如何才能为客户创造价值呢?迈克尔·波特在其竞争三部曲之一的《竞争优势》一书中指出:"消费者心目中的价值由企业内部一连串物质与技术上的具体活动和利润所构成,价值链落地的关键在于优秀的流程设计。"据此,我们认为,如果企业希望自己向客户承诺的价值真正落地,那么在组织内部要规划好做哪些事情,而且要把这些事情做好。换句话说,客户价值必须有内部流程作支撑。否则,企业的客户价值主张就会成为一张空头支票,下面我们以两个典型的案例来说明。

(一) 三株神话

三株可以说是中国企业界的一个奇迹,1994年它以30万元起家,在短短几年内,年销售额就达到80亿元,这相当于当时整个中国保健品市场总销售额的三分之一。三株口服液作为三株的主打产品,本是一种普通的保健品,然而三株在宣传这个产品的功能时将其神话到近乎"包治百病"。1996年6月3日,湖南省常德市77岁的退休职工陈伯顺购买了10瓶三株口服液回家服用,当他服用到第8瓶时,全身出现溃烂,于1996年9月3日去世。随后,陈伯顺的亲属将三株告到了法院,法院一审判决三株败诉。此判决一出,20多家媒体当即报道该事件,并引来全国媒体的大量转载,这次事件给三株造成了致命性打击。但具有讽刺意味的是,三株不服判决,上诉到湖南省高院,二审认为现有证据不能认定陈伯顺的死亡与服用三株口服液有关系,原判决认定事实适用法律错误,应予改判,二审三株胜诉。虽然三株最终赢了这场官司,但并没有使大众重新信任三株,从此三株再也没有站起来。

表面上看,三株的失败是因一场官司所致,但根本原因是其内部流程不支撑客户价值主张。事实上"能治你的病,能保你的命"是三株对外宣称的客户价值,但其内部流程不可能支撑三株生产出一种"能治你的病,能保你的命"的口服液,所以,三株失败也就成了必然。

(二) 庞氏骗局

作为现代金融诈骗的始祖,查尔斯·庞兹原本是意大利人,后来移民到美国,经过美国式发财梦的熏陶,一心想发大财。他曾因伪造罪在加拿大坐过大牢,因走私人口在美国亚特兰大蹲过监狱。此后,庞兹发现最快速赚钱的方法就是金融。于是,从1919年起,他隐瞒了自己的历史来到了波士顿,设计了一个投资计划,这个投资计划宣称投资欧洲的某种邮政票据,再卖到美国,便可以赚钱。庞兹一方面在金融方面故弄玄虚,另一方面则设置了巨大的"诱饵"。他宣称,所有投资者在45天之内都可以获得50%的回报,而且他还让人们看到了证据,最早的一批"投资者"的确在规定时间内拿到了庞兹所承诺的回报。于是,后面的"投资者"便蜂拥而入。

"45天之内都可以获得50%的回报"是庞兹对外宣称给客户创造的价值,但是他的内部流程是通过骗取后来"投资者"的钱,给前面"投资者"以回报。这种内部流程根本没有产生任何增值,当然无法支撑庞兹宣称的客户价值,从而演变成一种纯粹的骗局——后人称之为庞氏骗局。1920年8月,庞兹破产了。他所收到的钱,按照他的许诺,可以购买几亿张欧洲邮政票据,事实上,他只买过两张。

三、设定公司级目标

以上两个案例清楚地诠释了企业为客户创造价值必须有内部流程来支撑。那么,在战略地图的内部流程层面如何设定公司级目标呢?

(一) 沿着4类内部流程设定公司级目标

卡普兰和诺顿认为,通常可以设计4个大类的内部流程:运营管理流程、客户管理流程、创新管理流程和法规与社会流程。每一个大类的内部流程包含若干子流程,这是设定内部流程层面公司级目标的基本框架。4类内部流程及其子流程见图3.10。

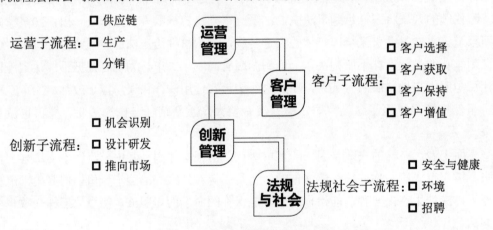

图3.10　4类内部流程及其子流程

(二) 针对客户价值或"多省钱"的财务目标设定公司级目标

设定内部流程层面的公司级目标必须有的放矢,一定要紧紧围绕战略地图客户层面的"客户价值"和财务层面与"控制成本费用、提高资产周转率"相关的财务目标设定公司级目标,沿着4类内部流程的每一个子流程逐一思考与分析是否需要在此子流程方向设定公司级目标。尤其重要的是,每一个内部流程目标都要有其支撑的客户价值或财务目标,同样,每一项客户价值也必须要有支持其实现的内部流程目标,不能随心所欲地设计。举个例子,很多人都体验过海底捞的优质服务,而服务已然成为海底捞为客户创造的核心价值。基于此,海底捞设计了一整套支撑这项核心价值的内部流程。比如,等位时的服务流程,为客人提供零食和饮料,女士可以美甲,男士可以擦皮鞋;用餐时的服务流程,为客人罩好衣服，提供手机袋和眼镜布，主动提醒客人适量点餐、不要浪费；用餐后的服务流程，协助客人打包，提醒客人不要遗忘物品，向客人表示欢迎再次光临。试想一下，如果海底捞为客户创造的核心价值不是服务而是菜鲜味美，那么上述内部流程显然就不能支撑其客户价值。

(三) 设定内部流程公司级目标要有所侧重

不同的企业为客户创造的价值是不同的，所以在设定内部流程层面的公司级目标时，其侧重点必然是不同的。比如，苹果公司为客户创造的核心价值是其产品的新、特、靓、酷，它就要侧重在创新流程上设定公司级目标；沃尔玛为客户创造的核心价值是天天低价，它就要侧重在运营管理流程上设定公司级目标；香奈儿为客户创造的核心价值是完美的客户体验，它就要侧重在客户管理流程上设定公司级目标。总之，我们要根据自己企业实际情况有所侧重地设定内部流程层面的公司级目标，并不是必须在每一类流程上都要设定公司级目标，更不能在4类流程上平均发力。比如法规与社会流程，可能有的企业在某个时期并不需要设定与此相关的公司级目标。

(四) 内部流程公司级目标的名称可以创新

企业在为内部流程层面的公司级目标命名时，可以根据自己的实际需要命名，我们建议不用拘泥于4个流程及其子流程的叫法，只要把意思表达清楚，企业内部人员能理解、易沟通就可以，否则，照搬照抄可能会让你无所适从。关于这一点，我们会在本章案例中进一步解析。

四、企业案例

下面，我们继续解析互联网医疗传媒公司的案例，其内部流程层面的公司级目标见图3.11。

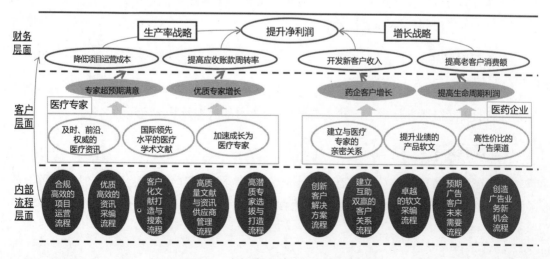

图3.11 内部流程层面的公司级目标

该公司紧紧围绕客户价值和"多省钱"的财务目标，在内部流程层面设定了10个公司级目标。

(一) 流程支撑

(1) 为了支撑财务层面降低项目运营成本的目标，设定了"合规高效的项目运营流程"，即该公司要把"擅长并做好项目运营"作为其公司级目标。

(2) 为了支撑及时、前沿、权威的医疗资讯的客户价值，设定了"优质高效的资讯采编流程"和"高质量文献与资讯供应商管理流程"，即该公司要把"擅长并做好资讯采编和供应商管理"作为其公司级目标。

(3) 为了支撑国际领先水平的医疗学术文献的客户价值，设定了"客户化文献打造与搜索流程"和"高质量文献与资讯供应商管理流程"，即该公司要把"擅长并做好文献打造与搜索和供应商管理"作为其公司级目标。

(4) 为了支撑帮助医生加速成长为医疗专家的客户价值，设定了"高潜质专家选拔与打造流程"和"建立互助双赢的客户关系流程"，即该公司要把"擅长并做好选拔与打造高潜质专家和建立互助双赢的客户关系"作为其公司级目标。

(5) 为了支撑帮助医药企业与医疗专家建立亲密关系的客户价值，设定了"创新客户解决方案流程"和"建立互助双赢的客户关系流程"，即该公司要把"擅长并做好客户解决方案和建立互助双赢的客户关系"作为其公司级目标。

(6) 为了支撑提升业绩的产品软文的客户价值，设定了"卓越的软文采编流程"，即该公司要把"擅长并做好软文采编"作为其公司级目标。

(7) 为了支撑高性价比的广告渠道的客户价值，设定了"预期广告客户未来需要流程"和"创造广告业务新机会流程"，即该公司要把"擅长并做好预期客户需要和创造新机会"作为其公司级目标。

根据该公司内部流程公司级目标与客户价值、财务目标的支撑关系，可以发现，一个内部流程目标可以支撑一项客户价值，也可以支撑多项客户价值；反之，一项客户价值也需要一个或多个内部流程目标来支撑。

(二) 流程名称

关于内部流程层面公司级目标的名称，该公司遵循"通俗易懂、便于沟通"的原则，根据自己的实际需要进行命名，并没有拘泥于4类内部流程及其子流程的名称。

(三) 流程归类

虽然在流程名称上该公司没有拘泥于4类内部流程及其子流程的名称，但其内部流程层面的10个公司级目标均是按照4类内部流程进行设定的。

(1) 合规高效的项目运营流程、优质高效的资讯采编流程、客户化文献打造与搜索流程、高潜质专家选拔与打造流程、卓越的软文采编流程和创造广告业务新机会流程等，该公司将它们归类为运营管理流程。

(2) 高质量文献与资讯供应商管理流程和建立互助双赢的客户关系流程，该公司将它们归类为客户管理流程。

(3) 创新客户解决方案流程和预期广告客户未来需要流程，该公司将它们归类为创新管理流程。

五、实践操作

至此，关于如何在内部流程层面设定公司级目标就全部讲解完了。下面进入实践操作环节，请大家根据本书的讲解，为自己所选择的公司或业务单位设定内部流程层面的公司级目标。

第六节
设定学习与成长层面的公司级目标

假如你现在开了一家火锅店，内部流程及各类硬件设施和海底捞一模一样，你能让客户进店后感受到和海底捞一模一样的服务吗？这个很难，关键在于你的火锅店与海底捞火锅店的"人"是不同的。再假如你开1家店时能达到海底捞的标准，你一口气又开了9家火锅店，内部流程及各类硬件设施同样和海底捞一模一样，你能确保10家店的服务和海底捞的服务一模一样吗？这个更难，关键在于你的火锅店与海底捞火锅店的"组织文化"是不同的。大家知道，内部流程的核心使命是支撑客户价值，进而实现财务层面的盈利。但是，流程是死的，谁又来支撑内部流程呢？事实上，内部流程只有在学习与成长层面的人力资本、信息资本、组织资本的支撑下才能真正发挥作用。下面就进入战略地图的第四个层面——学习与成长，我们来共同学习在学习与成长层面应该设定哪些公司级目标。

一、认识学习与成长

战略地图的学习与成长层面并不是我们通常理解的字面意思，而是指组织的无形资产，包括人力资本、信息资本和组织资本，学习与成长层面的无形资产见图3.12。

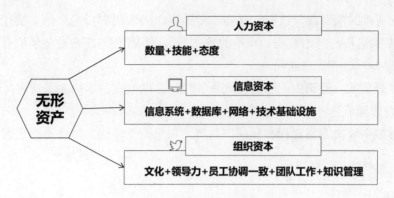

图3.12　学习与成长层面的无形资产

由图3.12可知，人力资本是指组织内一定数量具有技能和态度的人员，信息资本是指组织的信息系统、数据库、网络和技术基础设施，组织资本是指组织的文化、领导力、员工协调一致、团队工作和知识管理。虽然无形资产的内容非常丰富，但从长期为企业梳理组织战略的咨询实践中，我们发现无形资产中使用频率最高、普适性最广的是如下3个要素：人、信息系统和组织文化。基于此，本书也将紧紧围绕这3个要素讲解如何在学习与成长层面设定公司级目标。

二、无形资产与内部流程

无形资产与内部流程之间是支撑与被支撑的关系，如果内部流程没有人力资本、信息资本、组织资本的支撑，那它就如同一枚失去动力的运载火箭，外表看似很强大，实则根本无法将宇宙飞船、人造卫星等送入太空。

(一) 产能、效率与一致性支撑

关于内部流程，我们还以"没有金刚钻，不揽瓷器活"为例，假设高品质的瓷器是企业希望为客户创造的价值，那么金刚钻就相当于内部流程。在此请大家思考一个问题："有了金刚钻就一定能干成瓷器活吗？"答案显然是否定的。首先，金刚钻无法智能到自动去干瓷器活，尚需要一定数量的有能力、有态度的"人"操纵它，它才能干瓷器活，所以，"人"为内部流程提供了产能支撑。其次，有了人就一定能干好瓷器活吗？假设客户希望企业3天做完，以便参加5天后举行的瓷器展销会，结果企业做了10天才交付，这对客户还有多大的价值呢？正如给客户送鲜花，鲜花的核心价值是新鲜，2个小时送过去是鲜花，2天送过去虽然还是花，但已然不新鲜了，其对客户的价值大打折扣甚至完全丧失。所以，除了人之外，还需要高效的信息系统为内部流程提供效率支撑。最后，有了人和信息系统就一定能干好瓷器活吗？假设瓷器活需要3位师傅共同完成，但是这3位师傅分别秉持不同的价值观，第一位师傅主张用最低的成本完成这个瓷器活，第二位师傅主张全力打造高品质的瓷器活，第三位师傅主张成本与品质都不是最重要的，关键是做好后续的售后服务。可以想见，如果让这3个人在一起干瓷器活，那就如同让3个力气相当的人同时朝3个不同的方向拉车。所以，除了人、信息系统外，还需要组织文化为内部流程提供一致性支撑。

现在咱们再假设，有3位师傅，他们能力出众，价值观高度一致，心往一处想，劲往一处使，同时企业还为他们配备了高效的信息系统，这个时候的金刚钻是不是就会变得威力无比、所向披靡呢？

(二) 组织文化与内部流程

假设我们要执行一项战斗任务，客户价值是取得战斗的胜利，那么同样需要有一套严密的内部流程，以确保把这场战斗打好。比如战前要规划部署，战中要有序指挥、高效执行，战后要总结复盘。为了支撑本次战斗任务的内部流程，首先，需要具有一定数量与质量的指挥员与士兵。其次，在当今科技与信息高度发达的时代，信息系统肯定是不可或缺的，这里就不再赘言。最后，执行战斗任务的部队必须要有共同的理想、信念、气质，或者称之为军魂。以上这些不就是人、信息系统和组织文化吗？说起组织文化，可能有人会认为它比较虚，但如果虚事实做，组织文化的威力是非常强大的。事实上，相比人力资本与信息资本，组织文化对内部流程的支撑更持久、更不易改变，也是竞争对手短期内难以复制的方面。

三、设定公司级目标

根据上述分析，我们认为，只有当人力资本给予产能支撑，信息资本给予效率支撑，组织资本给予一致性支撑，内部流程才能够有效支撑客户价值和"多省钱"的财务目标，客户才会心甘情愿地向企业付款，企业也才能最终实现盈利的财务目标。那么，在战略地图的学习与成长层面如何设定公司级目标呢？

(一) 围绕内部流程

设定学习与成长层面的公司级目标必须有的放矢，一定要紧紧围绕战略地图内部流程层面的公司级目标，设定与人、信息系统、组织文化相关的公司级目标。尤其重要的是，每一个学习与成长层面的公司级目标都要有其支撑的内部流程层面的公司级目标，同样，每一个内部流程层面的公司级目标也必须要有支撑其的学习与成长层面的公司级目标。

(二) 寻找设定规律

根据绘制企业战略地图的实践经验，我们探索出设定学习与成长层面公司级目标的一般规律，供大家在实际操作时参考。我们发现，在学习与成长层面，通常情况下会设定以下4种公司级目标。

(1) 组建或强化××团队。如果本企业之前没有这类团队，采用"组建"；如果之前有这类团队，则采用"强化"。

(2) 提升××知识或能力。

(3) 构建或升级××信息系统。如果本企业之前没有这类信息系统，采用"构建"；如果之前有这类信息系统，则采用"升级"。

(4) 打造××文化。

四、企业案例

下面，我们继续解析互联网医疗传媒公司的案例，其学习与成长层面的公司级目标见图3.13。

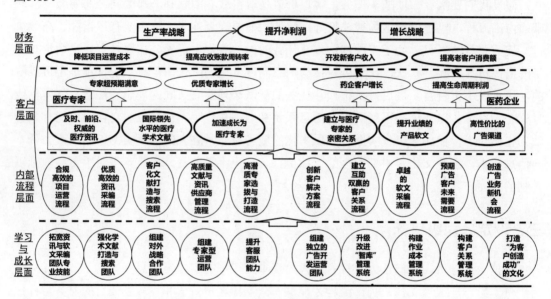

图3.13 学习与成长层面的公司级目标

该公司紧紧围绕内部流程层面的公司级目标，遵循组建或强化××团队、提升××知识或能力、构建或升级××信息系统、打造××文化的一般性规律，在学习与成长层面设定了10个公司级目标。

(1) 设定"拓宽资讯与软文采编团队专业技能"的公司级目标，以支撑内部流程层面优质高效的资讯采编流程和卓越的软文采编流程。

(2) 设定"强化学术文献打造与搜索团队"的公司级目标，以支撑内部流程层面客户化文献打造与搜索流程。

(3) 设定"组建对外战略合作团队"的公司级目标，以支撑内部流程层面高质量文献与资讯供应商管理流程。

(4) 设定"组建专家型运营团队"的公司级目标，以支撑内部流程层面高潜质专家选拔与打造流程。

（5）设定"提升客服团队能力"的公司级目标，以支撑内部流程层面创新客户解决方案流程、建立互助双赢的客户关系流程。

（6）设定"组建独立的广告开发运营团队"的公司级目标，以支撑内部流程层面预期广告客户未来需要流程和创造广告业务新机会流程。

（7）设定"升级改进'智库'管理系统"的公司级目标，以支撑内部流程层面优质高效的资讯采编流程、客户化文献打造与搜索流程和卓越的软文采编流程。

（8）设定"构建作业成本管理系统"的公司级目标，以支撑内部流程层面合规高效的项目运营流程。

（9）设定"构建客户关系管理系统"的公司级目标，以支撑内部流程层面高质量文献与资讯供应商管理流程、高潜质专家选拔与打造流程、创新客户解决方案流程和建立互助双赢的客户关系流程。

（10）设定"打造'为客户创造成功'的文化"的公司级目标，以支撑内部流程层面的所有流程。

五、实践操作

至此，关于如何在学习与成长层面设定公司级目标就全部讲解完了。下面进入实践操作环节，请大家根据本书的讲解，为自己所选择的公司或业务单位设定学习与成长层面的公司级目标。

本章结语

本章重点阐述并解决了以下5个问题：什么是平衡计分卡与战略地图，如何设定财务层面的公司级目标，如何设定客户层面的公司级目标，如何设定内部流程层面的公司级目标，如何设定学习与成长层面的公司级目标。通过在4个层面设定公司级目标，从而梳理出组织战略。

梳理组织战略是整个战略绩效管理体系的起点与根基，是重点也是难点。但是如果你仔细观察一下战略地图上设定的公司级目标，或许你会发现这些目标都是定性的，并不具备衡量功能，为此我们必须以目标为基础，将定性的目标转化为定量的、可衡量的指标。欲知如何转化，请阅读本书第四章——设定绩效指标。

第四章
设定绩效指标

▍问题聚焦

本章聚焦于解决如下5个关键问题,建议您务必掌握:
- 如何设定公司级绩效指标?
- 如何设定部门级绩效指标?
- 如何设定员工级绩效指标?
- 什么是绩效指标六要素?
- 如何设定价值观考核指标?

▍开篇案例

如何为A单位设定绩效指标

蒋欣(化名)是大型国有企业集团A的人力资源部部长。2020年3月,A单位的上级单位在全系统下发正式通知,要求所属各单位最迟在2023年之前在本单位全面实施绩效管理工作。按照上级的要求,A单位党政联席会议研究决定,2022年,在集团总部16个部门试点推行年度绩效考核,而要想考核就要有考核指标,所以,蒋欣的首要任务是为总部16个部门分别设定绩效指标。

2021年10月,A单位的绩效管理仍处于"一穷二白"的状态,一丁点儿基础都没有,战略缺失、经验缺乏、人员缺位,再加上总部各部门的工作相比基层而言较宏观,定性工作多,总部人员在思维层面更习惯于为过程负责而不是为结果负责等,所有这一切都让绩效指标的设定工作困难重重。所以,就连蒋欣自己也觉得一头雾水、一筹莫展。后经A单位领导班子成员集体研究后决定,首先由总部各部门提交自己2022年的重点工作计划,其次由党政联席会集体审议各部门的工作计划,最后由人力资源部据此为各部门设定2022年度绩效指标。A单位总部各部门2022年度绩效指标设定工作就此拉开序幕。

两周之后，各部门陆续提交了自己2022年度的重点工作计划，A单位党政联席会议也对各部门工作计划的内容进行了审议。审议通过后，各部门的工作计划移交给人力资源部，由蒋欣及其团队负责为各部门设定绩效指标。

蒋欣对这些作为绩效指标设定基础的工作计划进行了认真研究，结果让她更加无所适从。

首先，各部门年度重点工作计划都非常简单。只有计划内容，没有行动方案，并且很多都是流水账式的过程性工作，非常定性，缺少量化的结果。比如工作计划中仅列出"开展年度设备大检查"，但是对于什么时间检查、检查多少次、检查要达成什么样的结果等都没有具体说明。这样的工作计划给设置绩效指标的评分标准造成很大困难，除非蒋欣及其团队对各个部门的工作内容都非常熟悉，否则，设置合理的评分标准几乎是不可能的。

其次，重点工作"不重点"。很多部门的所谓重点工作绝大部分都是日常工作，完成难度普遍较低。而且由于A单位的战略不明晰，无法判断这些日常工作是否支撑了该单位2022年的主体工作。如果据此工作计划设定绩效指标，一是会把绩效指标变成"送分题"，二是可能使绩效指标产生方向性偏差。

再次，就横向比较而言，各部门工作计划中体现的工作量、难度系数有较大差异。比如专业性比较强的业务部门列出的全年重点工作数量相对较多、难度相对较大，而一些非业务部门，尤其是带有一定保密性质的部门，则重点工作的数量少、难度低。在这种情况下，如果据此工作计划设定绩效指标，并且最后以考核分数确定绩效结果，就必然会导致各部门间的内部不公平。

最后，很多部门的年度重点工作计划中充斥着大量的专业术语，别说据此设定绩效指标了，就连看懂都不容易，还需要花大量的时间进行学习与研究。

面对存在诸多问题的部门年度重点工作计划，蒋欣陷入了茫然与不安。一方面，根据A单位的组织文化，党政联席会议审议通过的事项很难再改变，所以，大张旗鼓地让各部门重新修订他们的重点工作计划是不现实的。另一方面，她需要完成这项工作的时间是确定的，2021年11月15日之前完成各部门绩效指标初稿，12月31日前完成定稿，而且集团各部门2022年的年终奖金将与他们的绩效指标完成情况挂钩，这进一步加剧了蒋欣的心理压力。

绩效指标设定是一项专业性强、影响面广和复杂敏感的工作，假如你是蒋欣，在各部门现有年度重点工作计划的基础上，你会采取什么措施设定出相对量化、科学、公平的绩效指标呢？

通常情况下，我们在绩效管理咨询实践中会设定两类绩效指标：结果指标与行为指标。结果指标通常是与公司、部门、员工的工作业绩相关的指标，属定量指标。行为指标通常是与工作态度、工作能力、发展潜力相关的指标，属定性指标，本书称之为考核价值观的指标。

第一节 设定公司级绩效指标

一、公司级绩效指标的来源

清华大学经济管理学院宁向东教授认为,KPI(关键绩效指标)体系就是组织的"业绩衣服"。一个有效的组织,一定会时时刻刻都穿着合身的"业绩衣服"。基于宁教授的观点,我们认为,最合身的"业绩衣服"一定是量身定制出来的,如果想为一个组织定制"业绩衣服",那就要找到公司级绩效指标的主要来源。通常情况下,公司级绩效指标有3个主要来源:组织发展战略、上级下达的重要工作和新增的重要工作。公司级绩效指标来源模型见图4.1。

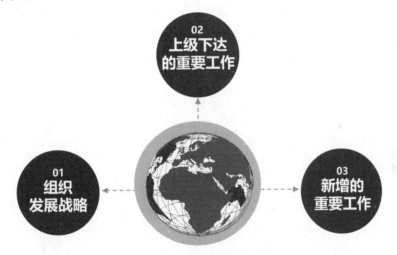

图4.1 公司级绩效指标来源模型

(一) 组织发展战略

组织战略是公司级绩效指标最重要的来源,战略选择不同,绩效指标就会不一样。可以运用战略地图梳理组织战略,形成财务、客户、内部流程、学习与成长4个层面的公司级目标。

(二) 上级下达的重要工作

对于有上级单位的组织,凡是上级单位下达的重要工作任务,一定要成为公司级绩效指标的来源。把上级下达的重要工作转化成若干公司级目标,并将这些目标按照财务、客户、内部流程、学习与成长4个层面进行归类。

在归类的过程中，根据上级下达的重要工作设定的公司级目标可以分布在4个层面，也可以集中在1~2个层面。另外，如果出现根据上级下达的重要工作设定的公司级目标与根据组织战略梳理的公司级目标重复的情况，二者取一即可。

(三) 新增的重要工作

为应对内外部环境的变化，组织可能会阶段性、临时性增加重要的工作任务，这些新增的重要工作通常也会成为公司级绩效指标的来源。同样，也要把新增的重要工作转化成若干公司级目标，并将这些目标按照财务、客户、内部流程、学习与成长4个层面进行归类。

(四) 特别说明

公司级绩效指标来源模型是一个系统分析框架，可帮助大家在设定公司级绩效指标时找到思考的方向，避免遗漏，但并不意味着每一次设定公司级绩效指标都需要同时用到3个来源。比如，有的企业没有直属的上级单位，"上级下达的重要工作"就不会成为其公司级绩效指标的来源；有的企业发展非常稳定，发展过程中没有新增阶段性、临时性的重要工作任务，"新增的重要工作"也不会成为其公司级绩效指标的来源。所以，在实际设定公司级绩效指标时，还需要具体情况具体分析，不能生搬硬套。

二、提取公司级目标

根据组织战略、上级下达的重要工作和新增的重要工作，将设定的公司级目标全部提取出来，填入表格中。提取的公司级目标见表4.1。

表4.1 公司级目标

层面	代号	公司级目标
财务	F1	提升净利润
	F2	开发新客户收入
	F3	降低项目运营成本
客户	C1	专家超预期满意
	C2	优质专家增长
内部流程	I1	优质高效的资讯采编运营
	I2	选拔与打造高潜质专家
	I3	创新客户解决方案
	I4	创造广告业务的新机会
学习与成长	L1	组建专家型运营团队
	L2	提升客服团队能力
	L3	构建作业成本管理系统
	L4	打造"为客户创造成功"的文化

(1) 表4.1由三列构成,第一列包括战略地图的4个层面:财务、客户、内部流程、学习与成长,第二列是公司级目标的代号,第三列是公司级目标的名称。

(2) 在提取战略地图客户层面的公司级目标时,请大家特别注意:只提取客户目标,不提取客户价值。

(3) 因为本节将表4.1作为案例进行讲解,所以只提取了部分公司级目标。在实际操作中,所有的公司级目标都要提取出来。

三、把目标转化为指标

(一) 转化方法

目标是方向,相对定性,尚不具备衡量功能;而指标是对目标达成程度的衡量,相对定量,具有衡量功能。所以,我们需要把公司级目标全部转化为公司级绩效指标。那如何转化呢?本书介绍一种简单、实用的方法——QQTC法。所谓QQTC法就是从数量、质量、时间、成本4个维度把目标转化成指标的方法。QQTC法见图4.2。

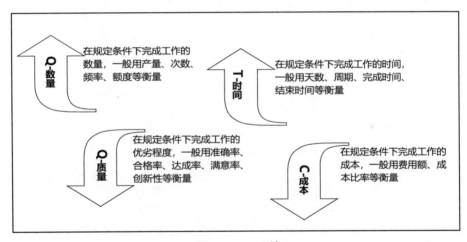

图4.2 QQTC法

(二) 转化原则

把公司级目标转化为公司级绩效指标必须遵循以下两个核心原则。

1. 基于战略

对于同一个公司级目标,我们可以分别从QQTC的不同维度将其转化为不同的公司级绩效指标,至于要从哪一个维度进行转化,则取决于公司当前的战略。具体举例见本节转化案例中的"优质高效的资讯采编运营"。

2. 能够衡量

因为指标是对目标达成程度的衡量,所以,用QQTC法转化的指标一定要能够对目标进行衡量,否则这个指标就是无效的。举个例子,假设某一个公司级目标是"提升净利润",如果我们据此目标转化的公司级绩效指标是"利润成本比",那么这个指标就无法衡量净利润是否有提升;如果我们转化的指标是"净利润增长率",那么这个指标就可以衡量净利润是否有提升。

(三) 转化案例

遵循以上两个原则,现基于表4.1的资料,深入解析如何运用QQTC法将公司级目标转化成公司级绩效指标。公司级目标转化成指标的结果见表4.2。

表4.2 公司级目标转化成指标的结果

层面	代号	公司级目标	公司级绩效指标(KPI)
财务	F1	提升净利润	净利润总额 净利润增长率
	F2	开发新客户收入	新客户收入总额 新客户收入占比
	F3	降低项目运营成本	项目运营成本降低额 项目运营成本同比降幅
客户	C1	专家超预期满意	专家客户满意率
	C2	优质专家增长	优质专家增长人数 优质专家增长率
内部流程	I1	优质高效的资讯采编运营	资讯发布时效 资讯日均发稿量 资讯日均访客(UV)
	I2	选拔与打造高潜质专家	高潜质专家的选拔数量 高潜质优秀专家转化率
	I3	创新客户解决方案	解决方案创新点的数量 解决方案的客户满意度
	I4	创造广告业务的新机会	广告业务收入增长率 广告新客户增长率
学习与成长	L1	组建专家型运营团队	团队完成时间 团队成员人数 任职资格达标率
	L2	提升客服团队能力	客户满意度增长率 团队成员工作胜任率
	L3	构建作业成本管理系统	系统建设任务达成率 系统建设成本控制率
	L4	打造"为客户创造成功"的文化	企业文化考核达标率

下面，本书对部分公司级目标的转化结果进行说明。

1. F1：提升净利润

据此公司级目标，用QQTC法转化的公司级指标是净利润总额和净利润增长率。这两个指标均是从数量的维度进行转化的，且均可以衡量净利润是否增长，两者差别是净利润总额从绝对数进行衡量，而净利润增长率从相对数进行衡量。

2. F3：降低项目运营成本

据此公司级目标，用QQTC法转化的公司级指标是项目运营成本降低额和项目运营成本同比降幅。这两个指标均是从成本的维度进行转化的，且均可以衡量运营成本是否降低，两者差别是项目运营成本降低额从绝对数进行衡量，而项目运营成本同比降幅从相对数进行衡量。

3. C1：专家超预期满意

据此公司级目标，用QQTC法转化的公司级指标是专家客户满意率。这个指标是从质量维度进行转化的，且可以衡量专家的满意程度。

4. I1：优质高效的资讯采编运营

据此公司级目标，用QQTC法转化的公司级指标是从时间维度进行转化的资讯发布时效、从数量维度进行转化的资讯日均发稿量、从质量维度进行转化的资讯日均访客(UV)。这3个绩效指标组合在一起可以衡量资讯采编的运营是否优质高效。在实际操作中，一个组织可能不会同时使用分别从3个维度转化的绩效指标，至于要从哪一个维度进行转化，取决于组织战略在某一时期的关注点。如果更关注时效，则从时间维度进行转化，其他亦然。

5. I2：选拔与打造高潜质专家

据此公司级目标，用QQTC法转化的公司级指标是从数量维度进行转化的高潜质专家的选拔数量和从质量的维度进行转化的高潜质优秀专家转化率，且两者均可以衡量高潜质专家的选拔与打造。在实际操作中，至于要从哪一个维度进行转化，取决于组织战略。

6. L2：提升客服团队能力

据此公司级目标，用QQTC法转化的公司级指标是从数量维度进行转化的客户满意度增长率和从质量维度进行转化的团队成员工作胜任率，且两者均可以衡量客服团队的能力是否提升。在实际操作中，至于要从哪一个维度进行转化，取决于组织战略。

四、实践操作

至此，关于如何设定公司级绩效指标就全部讲解完了。下面进入实践操作环节，请大家根据本节的讲解，为自己所选择的公司或业务单位设定公司级绩效指标。

第二节 设定部门级绩效指标

一、部门级绩效指标的来源

本节所说的"部门"包括但不限于组织内部的职能部门、业务部门、事业部、分子公司等。如果说公司级绩效指标体系是组织的"业绩衣服",那么部门级绩效指标体系就是部门的"业绩衣服"。同样的道理,如果要给一个部门穿着合身的"业绩衣服",那就要找到部门级绩效指标的主要来源。我们认为,通常情况下,部门级绩效指标有5个主要来源:公司级指标分解、部门职责、内部协同、临时/阶段性重要事项、亟待改进的问题。部门级绩效指标来源模型见图4.3。

图4.3　部门级绩效指标来源模型

二、公司级指标分解

公司级绩效指标设定完成后,需要把公司级绩效指标向部门分解,从而形成"千斤重担人人挑,人人肩上有指标"的局面。那么应如何分解呢?下面介绍一种我们在绩效管理咨询中常用的方法,我们称之为"认领法",具体操作如下所述。

(一)推选代表

HR部门明确公司级绩效指标分解会代表人选的标准和每个部门的名额,具体人选由各部门根据标准和本部门的名额自行推选。

(二) 说明动员

召开公司级绩效指标分解会，HR负责人首先向与会人员演示与说明设定的公司级绩效指标，然后由组织最高领导者亲自向与会人员说明设定这些指标的原因，并表达高级管理层要实现这些指标的坚定决心。

(三) 分解指标

利用指标分解矩阵，根据相关性原则，由与会人员通过自由研讨和民主集中的方式，将公司级绩效指标分解到各部门。假定某企业有6个公司级绩效指标，现在要分解到该企业下属的各部门、事业部、子公司，公司级绩效指标分解情况见表4.3。

表4.3 公司级绩效指标分解情况

序号	公司级绩效指标	A部	B部	C部	D办	E部	F部	G部	H中心	M事业部	N子公司
1	年度营业收入总额	▲					▲		▲	▲	▲
2	政府基金审批项目年度预算执行率							▲		▲	
3	重大客户增长率	▲					▲			▲	▲
4	运营成本控制率				▲						
5	编制"十四五"发展规划的完成时间		▲								
6	年度党风廉政建设任务达成率	▲	▲	▲	▲	▲	▲	▲	▲	▲	▲

由表4.3可知，绩效指标分解有3种情况：①将某一个指标只分解到一个部门；②将某一个指标同时分解到若干个部门；③将某一个指标分解到所有部门。如果对某些指标的分解出现不同意见，则由高级管理者现场决策如何分解。每个部门需要在现场将自己承担的公司级绩效指标认领回去。

(四) 沟通确定

对于自己认领的公司级绩效指标，每个部门在部门内部自下而上征求员工意见，并将员工意见上报给公司高级管理层，经双方反复沟通后最终确定。

三、部门职责

设定部门职责是设定部门级绩效指标的前置工作，如果部门职责不清晰，建议先根据企业战略与组织架构重新梳理部门职责，这个非常重要，否则，据此设定的部门级绩效指标会有与生俱来的缺陷。那么如何根据部门职责设定部门级绩效指标呢？下面以表4.4中的A部门为例进行讲解，A部门的部门职责转化为绩效指标的过程见表4.4。

表4.4 A部门的部门职责转化为绩效指标的过程

部门	部门职责	目标	绩效指标
A部门	负责组织制定所辖区域内的规章制度与技术标准	建立完备、实用、落地的制度体系与技术标准	技术标准建设任务达成率
	负责所辖区域内人员资质、业务技术、服务质量、信息安全保障工作的检查与评比	按计划完成检查评比工作	年度检查评比工作计划完成率
	负责制定××专业领域的各项安全指标，参与制定公司安全工作目标和安全责任书	优质、高效地完成××专业安全指标的制定并提交公司审议	××专业安全指标提交公司审议的次数

根据部门职责设定部门级绩效指标的操作要点如下所述。

(1) 提取关键的部门职责。

(2) 根据提取的部门职责设定部门级工作目标。

(3) 用QQTC法将部门级工作目标转化为部门级绩效指标。

(4) 把根据部门职责设定的部门级绩效指标与分解到该部门的公司级绩效指标进行比对，去掉与公司级绩效指标重复或雷同的部门级绩效指标。

四、内部协同

如果说公司级绩效指标的分解是自上而下的纵向对齐，那么内部协同指标则有助于部门间的横向对齐，可避免不同部门各自为战，形成整体合力。基于内部协同设定部门级绩效指标的操作要点如下所述。

(1) 每个部门基于完成所承担的公司级绩效指标，首先提出需要哪些部门的支持以及本部门对这些部门的需求。

(2) 在组织层面召开内部协同指标沟通会，由最高领导者主持。各部门分别提出自己的需求，与会各部门彼此沟通、研讨、确认需求并达成共识。在沟通的过程中，如有不确定问题或争议性问题，则由高级管理者做出最终裁决。

(3) 各部门根据其他部门提出的并经高级管理层审批同意的内部协同需求，设定本部门内部协同的工作目标。

(4) 用QQTC法将目标转化为部门级绩效指标。

设定内部协同指标示例详见表4.5。

表4.5 内部协同与绩效指标

部门	内部客户	客户的需求	我的目标与指标
人力资源部	销售部	强化团队建设	目标：优质、高效地完成销售人员的招聘 指标：平均招聘天数、招聘人员适岗率
产品部	系统开发部	及时、准确地反馈外部客户需求	目标：及时、准确地反馈客户需求 指标：客户需求反馈的及时率、准确率
A部门	N子公司	加强大客户管理的制度建设	目标：尽快完成大客户管理细则的修订 指标：大客户管理细则建设任务达成率

由表4.5可见，对于人力资源部来说，内部客户是销售部。销售部为了完成所承担的公司级绩效指标，对人力资源部的需求是帮助强化销售团队建设。人力资源部据此需求设定的内部协同工作目标是优质、高效地完成销售人员的招聘，转化的部门级绩效指标是平均招聘天数与招聘人员适岗率。

对于产品部来说，内部客户是系统开发部。系统开发部为了完成所承担的公司级绩效指标，对产品部的需求是及时、准确地反馈外部客户的需求。产品部据此需求设定的内部协同工作目标是及时、准确地反馈客户需求，转化的部门级绩效指标是客户需求反馈的及时率、准确率。

对于A部门来说，内部客户是N子公司。N子公司为了完成所承担的公司级绩效指标，对A部门的需求是加强大客户管理的制度建设。A部门据此需求设定的内部协同工作目标是尽快完成大客户管理细则的修订，转化的部门级绩效指标是大客户管理细则建设任务达成率。

五、临时/阶段性重要事项

除了战略分解、部门职责、内部协同外，组织的高级管理层为有效应对内外部环境的变化，有时会给部门下达一些临时/阶段性的重要工作任务。这些工作任务通常难度较大、耗时较长，这就构成了部门级绩效指标的第四个来源。

鉴于在实际设定部门级绩效指标的过程中，大部分高级管理者不会把临时/阶段性的重要工作任务与部门级绩效指标联系在一起，那么如何根据临时/阶段性重要事项设定部门级绩效指标呢？

（一）编制表

"临时/阶段性重要事项一览表"模板见表4.6。

表4.6 临时/阶段性重要事项一览表

部门	分解的公司级绩效指标	临时/阶段性重要事项	拟达成的结果

（二）提交表

将"临时/阶段性重要事项一览表"提交给分管该部门的公司领导，一定要由分管领导亲自填列。此外，本表第三栏的"临时/阶段性重要事项"不得包括第二栏"分解的公司级绩效指标"所涵盖的工作事项。

（三）审核表

所有分管领导填列完成所分管部门的"临时/阶段性重要事项一览表"后，由人力资源部汇总并提交给组织的最高领导者审核。

(四) 转化表

用QQTC法将"临时/阶段性重要事项"转化为部门级绩效指标,而"拟达成的结果"则是制定部门级绩效指标评分标准的重要依据。

六、亟待改进的问题

在一个企业内部,如果某些部门存在亟待改进的问题,而企业也希望能够在组织层面采取措施促使这些部门尽快改进,在这种情况下,亟待改进的问题就成为部门级绩效指标的第五个来源。实践证明,推动问题改进的有效措施就是把亟待改进的问题用QQTC法转化为绩效指标,然后下达给相关部门。

2020年9月,笔者为一家大型钢贸企业实施绩效管理咨询项目。在项目实施的过程中,笔者发现,这家公司的后线职能部门在服务前线业务部门时,不是把自己当成"人民的勤务员",而是把自己当成"衙门",服务意识、服务态度、服务质量都亟待改进。这种状况一方面造成一线员工的普遍不满,影响了组织团结;另一方面由于前线无法得到后线及时、有效的"炮火支援",影响了企业战略的推进与执行。公司的最高领导者显然已经发现了这个问题,但尚未找到有效的解决办法。基于此,我们在组织设定部门级绩效指标时,为所有后线职能部门设定了一个指标——内部服务的客户满意率。同时,我们根据每个后线职能部门的部门职责,分别为他们量身定制了专门的满意率调查表,由业务部门的员工为他们评分,作为"内部服务的客户满意率"指标的数据来源。表4.7就是该公司某个后线职能部门的调查表示例。

表4.7 内部客户满意率调查

序号	调查维度	维度说明	非常满意	比较满意	既无满意也无不满意	较不满意	不满意
1	公务用车调度与服务	① 车辆调度是否科学合理;② 司机服务是否礼貌周到	5	4	3	2	1
2	办公用品的采购与发放	① 在正常情况下,采购效率是否高;② 是否及时发放或快递给相关部门或人员	5	4	3	2	1
3	办公设备与网络的维护	出现办公设备或网络的报修报损问题时,是否及时、有效地解决	5	4	3	2	1
4	费用核算与预算	① 是否及时进行月度工作餐费的核算;② 是否及时编制部门费用预算并提交给财务部	5	4	3	2	1

(续表)

序号	调查维度	维度说明	非常满意	比较满意	既无满意也无不满意	较不满意	不满意
5	党群工作	是否及时将上级党组织的各项精神、文件、要求等传达给公司各级员工	5	4	3	2	1
6	服务意识与态度	① 能否站在他人的角度进行服务与沟通；② 能否以积极的态度帮助他人解决问题	5	4	3	2	1

备注：①合计达到24分及以上为满意；②满意率=满意的人数/参与调查的总人数×100%。

2021年9月，我们在对该公司进行客户回访时，很多业务部门的员工向笔者反馈，后线职能部门的服务意识、服务态度、服务质量已有明显好转。

七、特别说明

与公司级绩效指标来源模型同理，部门级绩效指标来源模型也是一个系统分析框架，但并不是每一次设定部门级绩效指标都必须同时用到5个来源，需要具体情况具体分析。本章后续涉及的员工级绩效指标来源模型的使用也是这样，将不再赘述。

八、案例呈现

根据部门级绩效指标的5个来源，我们为表4.3中的A部门设定了绩效指标。A部门绩效指标见表4.8。

表4.8 A部门绩效指标

部门	序号	部门级绩效指标	指标来源
A部门	1	年度营业收入总额	公司级绩效指标分解
	2	大客户增长率	公司级绩效指标分解
	3	年度党风廉政建设任务达成率	公司级绩效指标分解
	4	技术标准建设任务达成率	部门职责
	5	年度检查评比工作计划完成率	部门职责
	6	大客户管理细则建设任务达成率	内部协同
	7	客服人员上岗资质排查覆盖率	临时/阶段性重要事项
	8	内部服务的客户满意率	亟待改进的问题

九、实践操作

至此，关于如何设定部门级绩效指标就全部讲解完了。下面进入实践操作环节，请大家根据本节的讲解，为自己所选择的公司或业务单位的某一个部门设定部门级绩效指标。

第三节
设定员工级绩效指标

一、员工级绩效指标的来源

设定员工级绩效指标在方法与逻辑上和设定部门级绩效指标是基本相同的，首先也要找到员工级绩效指标的主要来源。我们认为，通常情况下，员工级绩效指标有5个主要来源，分别是部门级指标分解、岗位职责、内部协同、临时/阶段性重要事项和亟待改进的不足。员工级绩效指标来源模型见图4.4。

图4.4　员工级绩效指标来源模型

二、部门级指标分解

部门级绩效指标设定完成后，需要把部门级绩效指标向部门的员工分解，分解方法与公司级绩效指标一样，采用"认领法"，具体操作如下所述。

（一）召开绩效指标分解会

部门负责人召集部门员工代表或全体员工，组织召开部门级绩效指标分解会。部门负责人首先向与会人员演示与说明设定的部门级绩效指标，其次向与会人员说明设定这些指标的原因，最后表达务必要实现这些指标的坚定决心。

(二) 分解指标

利用指标分解矩阵,根据相关性原则,由与会人员通过自由研讨和民主集中的方式,将部门级绩效指标分解到部门各级员工。假定某部门有5个部门级绩效指标,现在要将其分解到该部门所属员工,部门级绩效指标分解情况见表4.9。

表4.9 部门级绩效指标分解

序号	部门级绩效指标	IT主管	员工1	员工2	员工3	员工4	员工5	员工6	员工7	员工8
1	信息化二期建设任务达成率	▲								
2	有影响力的重大品牌宣传活动次数			▲		▲				
3	年度特色党群工作计划完成率		▲					▲		▲
4	公文与合同的平均审批时间				▲		▲			
5	风险防控体系建设任务达成率	▲	▲	▲	▲	▲	▲	▲	▲	▲

如果某些指标的分解出现不确定问题或争议性问题,由部门负责人现场决定如何分解。每个员工需要现场将自己承担的部门级绩效指标认领回去。

三、岗位职责

明确岗位职责是设定员工级绩效指标的前置工作,如果岗位职责不清晰,据此设定的员工级绩效指标同样会有与生俱来的缺陷。那么如何根据岗位职责设定员工级绩效指标呢?下面以表4.9中的IT主管为示例进行讲解。将IT主管的岗位职责转化为绩效指标的示例见表4.10。

表4.10 IT主管的岗位职责转化为绩效指标

岗位	岗位职责	目标	绩效指标
IT主管	负责信息化规划,制订信息化实施计划	优质、高效地完成信息化系统(二期)规划的编制	信息化(二期)规划审核通过的次数
	负责公司信息系统的维护工作	确保信息系统稳定运行	系统故障排除的平均小时数
	负责公司局域网建设及网络安全工作	确保公司网络安全	网络安全事故次数
	负责信息化管理制度、业务流程的制定	2022年完成全部信息化管理制度的编制并实施	信息化管理制度建设任务达成率

根据岗位职责设定员工级绩效指标的操作要点如下所述。

(1) 提取关键的岗位职责。

(2) 根据提取的岗位职责设定员工级工作目标。

(3) 用QQTC法将员工级工作目标转化为员工级绩效指标。

(4) 把根据岗位职责设定的员工级绩效指标与分解到该岗位的部门级绩效指标进行比对，去掉与部门级绩效指标重复或雷同的员工级绩效指标。

四、内部协同

(一) 基于内部协同设定员工级绩效指标的操作要点

(1) 每个员工基于所承担的部门级绩效指标，首先提出需要部门内部哪些员工的支持以及对这些员工的需求。

(2) 在部门层面召开内部协同指标沟通会，由部门负责人主持。每位员工分别提出自己的需求，与会人员彼此沟通、研讨、确认需求并达成共识。沟通的过程中，如有不确定问题或争议性问题，则由部门负责人做出最终裁决。

(3) 员工根据部门其他员工提出的并经部门负责人审批同意的内部协同需求，设定本人内部协同的工作目标。

(4) 用QQTC法将目标转化为员工级绩效指标。

(二) 设定内部协同指标

设定内部协同指标示例见表4.11。

表4.11　内部协同与绩效指标

身份	内部客户	客户的需求	我的目标与指标
绩效经理	培训经理	及时、准确地反馈员工的能力短板	目标：及时、准确地反馈在绩效考核中发现的员工能力短板 指标：员工能力短板反馈的及时率、准确率
IT主管	文秘	快速解决OA系统的日常故障	目标：提高OA系统的运行效率 指标：解决OA系统故障的平均小时数

(1) 对于绩效经理，内部客户是同部门的培训经理。培训经理为了完成所承担的部门级绩效指标，对绩效经理的需求是及时、准确地反馈员工的能力短板。绩效经理据此需求设定的内部协同工作目标是及时、准确地反馈在绩效考核中发现的员工能力短板，转化的员工级绩效指标是员工能力短板反馈的及时率、准确率。

(2) 对于IT主管，内部客户是同部门的文秘。文秘为了完成所承担的部门级绩效指标，对IT主管的需求是快速解决OA系统的日常故障。IT主管据此需求设定的内部协同工作目标是提高OA系统的运行效率,转化的员工级绩效指标是解决OA系统故障的平均小时数。

五、临时/阶段性重要事项

除了部门指标分解、岗位职责、内部协同外,部门负责人或员工的直接上级给员工下达的临时/阶段性的重要工作任务,构成了员工级绩效指标的第四个来源。根据临时/阶段性重要事项设定员工级绩效指标的操作要点如下所述。

(一) 编制表

编制"临时/阶段性重要事项一览表",提交给员工的直接上级,一定要由直接上级亲自填列。此外,本表第三栏的"临时/阶段性重要事项"不得包括第二栏"分解的部门级绩效指标"所涵盖的工作事项。临时/阶段性重要事项一览表示例见表4.12。

表4.12 临时/阶段性重要事项一览表

部门	姓名	分解的部门级绩效指标	临时/阶段性重要事项	拟达成的结果
综合管理部	张小天	信息化二期建设任务达成率	提高常用办公软件培训的人员覆盖率	培训人员占比超过90%
			有效控制信息系统的运维成本	100万元以内

(二) 审核表

所有直接上级填列完成所属员工的"临时/阶段性重要事项一览表"后,提交给部门负责人审核。

(三) 转化表

用QQTC法将部门负责人审核通过的"临时/阶段性重要事项"转化为员工级绩效指标,而"拟达成的结果"则是制定员工级绩效指标评分标准的重要依据。

六、亟待改进的不足

在一个部门内部,如果员工存在影响其做出良好绩效的不足,可以通过设定绩效指标帮助员工改进,进而提升工作业绩。在这种情况下,亟待改进的不足就成为员工级绩效指标的第五个来源。

关于如何根据"亟待改进的不足"设定员工级绩效指标,请参考设定部门级绩效指标中的"亟待改进的问题",在此就不再赘述。

七、案例呈现

根据员工级绩效指标的5个来源，我们设定了表4.13中IT主管的绩效指标。

表4.13　IT主管的绩效指标

姓名	序号	员工级绩效指标	指标来源
张小天	1	信息化二期建设任务达成率	部门级绩效指标分解
	2	风险防控体系建设任务达成率	部门级绩效指标分解
	3	信息化(二期)规划审核通过的次数	部门职责
	4	网络安全事故次数	部门职责
	5	信息化管理制度建设任务达成率	部门职责
	6	解决OA系统故障的平均小时数	内部协同
	7	办公软件培训覆盖率	临时/阶段性重要事项
	8	提交月度工作计划的及时率	亟待改进的不足

八、实践操作

至此，关于如何设定员工级绩效指标就全部讲解完了。下面进入实践操作环节，请大家根据本节的讲解，为自己所选择的公司或业务单位的某一个部门的基层员工设定员工级绩效指标。

第四节
解析绩效指标六要素

本节开篇，笔者请大家思考一个问题：公司级、部门级、员工级绩效指标设定完成后，是不是意味着绩效指标设定工作就此结束了呢？答案是"革命尚未成功，同志仍需努力"，因为这个时候的绩效指标就如同一架刚刚走下生产线的战斗机。我们知道，生产战斗机不是为生产而生产，而是为了让它保卫祖国领空。如果想让一架战斗机能够保卫领空，那就必须为它配备飞行员、导航系统、武器系统等。事实上，绩效指标也是如此，我们设定绩效指标就是让它步入实战，从而承载组织战略，所以也要为绩效指标配备6个要素，具体包括目标值、权重、计算方式、评分方法、评估周期和数据来源。绩效指标六要素见图4.5。

图4.5 绩效指标六要素

一、目标值

目标值之于关键业绩指标，就如同眼睛之于人，是极其重要的因素。如果缺少了目标值，量化指标就失去了灵魂，无法实现自身的衡量功能。举个例子，对于主营业务收入增长率，如果缺失了增长率的具体目标值，当考核周期结束对该指标进行评价的时候，就无从知晓主营业务收入到底有无增长。虽然目标值很重要，但如何确定目标值是个难题。在管理咨询实践中，我们通常根据绩效指标的不同情况分别采用4种方法：历史数据法、市场预测法、研讨预判法和上级加成法。确定目标值的方法见图4.6。

图4.6 确定目标值的方法

(一) 历史数据法

如果绩效指标有历史数据的积淀，可以采用历史数据法确定目标值。比如某企业2016—2021年平均每年主营业务收入增长率是5%，那么在确定2022年主营业务收入增长率的目标值时，就可以结合本企业当前内外部环境的现实情况，以5%作为基准确定目标值。

(二) 市场预测法

如果绩效指标没有历史数据的积淀，可以根据企业所属的行业平均发展水平或标杆企业的发展水平确定目标值。假定标杆企业2022年的主营业务收入增长率是10%，如果本企业采用的是跟随战略，那么本企业2022年主营业务收入增长率的目标值就可以确定为10%；如果本企业采用的是领先战略，那么本企业2022年主营业务收入增长率的目标值就要确定在10%以上。

(三) 研讨预判法

如果绩效指标既无历史数据又无市场数据，则可以请高级管理者集体研讨，最后根据高级管理层对企业发展的主观预判确定。比如企业的高级管理层对本企业2022年主营业务收入增长率的主观预判是6%，那么目标值就是6%。根据笔者的观察，在实践中，很多关键业绩指标的目标值都是通过研讨预判法确定的，包括很多有历史数据与市场数据的指标。

(四) 上级加成法

如果绩效指标是上级单位直接下达的，一般都会自带目标值。可以在上级单位下达的目标值的基础上，适度加成后确定目标值。假定上级单位下达给本企业2022年的主营业务收入增长率的目标值是6%，那么企业就要以6%为基准，同时结合当前内外部环境的现实情况，通过适度加成确定2022年主营业务收入增长率的目标值，比如6.05%或6.1%等。

特别指出的是，以上4种确定绩效指标目标值的方法并不是彼此孤立和互斥的，而是相互联系和支撑的。比如企业采用研讨预判法确定目标值时，最好要有历史数据与市场数据的支撑；而在采用历史数据法和市场预测法确定目标值时，也一定要参考高级管理层对企业的发展预期和上级单位的工作要求。

二、权重

通常情况下，无论是考核公司、部门还是考核员工，我们设定的绩效指标都不只有一项，这就涉及如何确定指标权重的问题。绩效指标的权重代表着组织重视的绩效领域，对员工的行为具有显著的引导作用，直接影响考核评价结果。但在绩效管理实践中，众多企业都依靠管理者"拍脑袋"确定绩效指标的权重，因此产生较大的偏差也就不足为奇了。鉴于此，本书为大家讲解一种可以量化地确定绩效指标权重的方法——权值因子法。

(一) 确定绩效指标

假设有5个绩效指标，指标示例见图4.7。

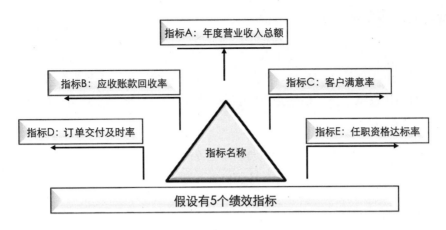

图4.7 绩效指标示例

(二) 明确赋分规则

将5个绩效指标两两比较并赋分,赋分规则见表4.14。

表4.14 指标两两比较的赋分规则

指标	B	非常重要	比较重要	同样重要	较不重要	很不重要
A		5	4	3	2	1

(1) A和B相比,相对于B,如果A非常重要,给A赋5分。
(2) A和B相比,相对于B,如果A比较重要,给A赋4分。
(3) A和B相比,相对于B,如果A同样重要,给A赋3分。
(4) A和B相比,相对于B,如果A较不重要,给A赋2分。
(5) A和B相比,相对于B,如果A很不重要,给A赋1分。

(三) 编制权值因子判断表

编制权值因子判断表,通过不同指标的两两比较并赋分,可得出每个指标的分值和所有指标的总分,然后用每个指标的分值除以总分,得出每个指标的初始权重,最后根据企业的实际情况对初始权重进行微调,得出最终权重。权值因子判断表见表4.15。

表4.15 权值因子判断表

指标	指标A	指标B	指标C	指标D	指标E	评分值	初始权重	最终权重
指标A	—	5	5	4	4	18	30.00%	30%
指标B	1	—	4	3	5	13	21.67%	20%
指标C	1	2	—	2	3	8	13.33%	15%
指标D	2	3	4	—	4	13	21.67%	20%
指标E	2	1	3	2	—	8	13.33%	15%
合计得分						60	100%	100%

(四) 专家小组评价

相关人员组成专家小组，进行正式评价，对专家的评分进行汇总统计，得出每项指标的平均总分和所有指标的平均总分，用每个指标的平均分除以所有指标的平均分之和，得出每个指标的初始权重，最后根据企业的实际情况对初始权重进行微调，得出最终权重。表4.16是专家小组评价一览表。

表4.16 专家小组评价一览表

专家 指标	杨一	宋二	张三	李四	王五	赵六	胡七	丁八	总分	平均分	初始权重	最终权重
指标A	15	14	16	14	16	16	15	16	122	15.25	25.417%	25%
指标B	16	8	10	12	12	12	11	8	89	11.125	18.254%	20%
指标C	8	6	5	5	6	7	9	8	54	6.75	11.250%	10%
指标D	8	10	10	12	12	11	12	8	83	10.375	17.292%	20%
指标E	5	6	7	7	6	5	5	8	49	6.125	10.208%	10%
指标F	8	16	12	10	8	9	8	12	83	10.375	17.292%	15%
合计	60	60	60	60	60	60	60	60	480	60	100%	100%

三、计算方式

通常运用公式计算绩效指标数值，这种计算方式适用于完全量化的指标。绩效指标的计算方式见表4.17。

表4.17 绩效指标的计算方式

序号	绩效指标	计算方式
1	核心产品销售收入	产品A的收入+产品B的收入+产品C的收入
2	销售回款率	销售回款率=已回款额/合同额×100%
3	销售费用节省率	销售费用节省率=(销售费用预算-实际销售费用)/销售费用预算×100%
4	客户流失率	客户流失率=流失的客户数量/维护的客户总数×100%
5	任职资格达标率	任职资格达标率=达标员工数/员工总数×100%

四、评分方法

绩效指标的数值计算出来后，能得多少分就依赖于评分方法了。评分方法是绩效指标六要素中专业性最强、复杂程度最高的要素，它是绩效指标的"发动机"。评分方法设置得好，可以激发组织前进的动力；设置得不好，会使关键业绩指标变得"不关键"。

(一) 常见的评分方法

这里给大家介绍3种常见的评分方法：区间赋分法、一票否决法和加减分法。评分方法见图4.8。

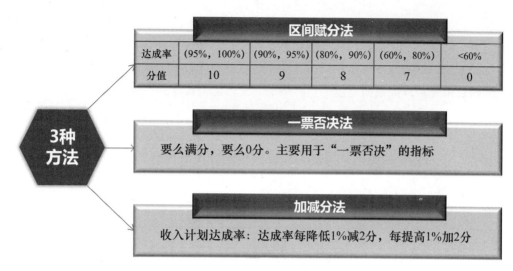

图4.8 评分方法

1. 区间赋分法

区间赋分法就是首先设置若干个区间，给每个区间赋予一定的分值，绩效指标的达成情况落入哪个区间，得分就是该区间对应的分值。

2. 一票否决法

一票否决法就是得分要么是满分，要么是0分，没有中间地带。这种评分方法常用于"红线类"指标，比如重大安全事故次数等。

3. 加减分法

加减分法就是首先确定一个基准，如果绩效指标的达成情况高于基准，则按照一定的规则加分，通常情况下，要设置加分的上限；如果绩效指标的达成情况低于基准，则按照一定的规则减分，通常情况下，要设置减分的下限。

(二) 如何设置评分方法

1. 尽可能量化

评分方法最忌讳定性、模糊，如果无法量化就无法衡量，建议从数量、质量、时间、成本4个方面量化设置评分方法。

2. 切合实际

评分方法一定要切实符合企业的实际情况，切不可拿别人的模板生搬硬套。举个例子，对于达成目标的情况应评100分、80分还是60分，不同企业的认识与选择是截然不同的，不同的选择意味着在评分方法的设置上有所不同。笔者曾经遇到一家企业客户，他们认为对于达成目标的情况应评100分，但奇怪的是，他们把100分对应的考核结果认定为合格。那么问题来了，良好与优秀的评分方法怎么设置呢？客户自己也不知道怎么办了。可以想见，如果不解决这个问题，一旦按此实施，一定会有员工问："我不想只做到合格，我想做到良好和优秀，良好和优秀的标准是什么？"在设置评分方法的实践中，会遇到各种各样的问题，这些问题都是不同企业的个性化问题，没有现成的经验可供借鉴，更没有成型的模板可套，只能根据企业的实际情况，设置切合实际的评分方法。

(三) 案例解析

基于量化与务实的原则，下面为大家呈现两个关于评分方法设置的咨询案例，见表4.18和表4.19。

表4.18 咨询案例一

序号	KPI/重点工作	权重	评分方法
1	年度营业收入总额	30%	① 达成率在100%(不含)以上，得分=实际达成率×30分，最高不超过36分； ② 达成率在95%(含)~100%，得分=实际达成率×30分； ③ 达成率在90%(含)~95%，得分=实际达成率×30分×80%； ④ 达成率在85%(含)~90%，得分=实际达成率×30分×60%； ⑤ 达成率在80%(含)~85%，得分=实际达成率×30分×40%； ⑥ 达成率在80%(不含)以下，0分
2	办公信息化系统(二期)建设任务达成率	20%	① 2020年8月31日前，进入实施阶段，组织供应商实施人员进入公司开展需求调研，22分； ② 2020年8月31日前，进入实施阶段，完成商务谈判及内部采购流程，选定供应商并签订合同，20分； ③ 2020年8月31日前，完成信息化二期方案编制并经公司审核通过，16分； ④ 2020年8月31日前，未完成方案编制或方案未经公司审核通过，0分
3	解决信息系统故障平均小时数	10%	① 平均小时数在1小时以内，12分； ② 平均小时数在1.5小时以内，11分； ③ 平均小时数在2小时内，10分； ④ 平均小时数在3小时以内，5分； ⑤ 平均小时数在3小时及以上，0分
4	重大网络安全事故次数	10%	① 未出现重大网络安全事故，10分； ② 出现1次重大网络安全事故，0分

1. 年度营业收入总额

本项指标采用"加减分法"设置评分方法，从"质量"维度进行量化设置。基准目标值是"达成率100%"，如果达到基准目标值可得满分30分；如果高于基准目标值，按照规则加分，加分上限是36分；如果低于基准目标值，按照规则减分，减分下限是0分。

2. 办公信息化系统(二期)建设任务达成率

本项指标采用"加减分法"设置评分方法，从"时间"维度进行量化设置。基准目标值是"选定供应商并签订合同"，如果达到基准目标值可得满分20分；如果高于基准目标值,按照规则加分,加分上限是22分;如果低于基准目标值,按照规则减分,减分下限是0分。

3. 解决信息系统故障平均小时数

本项指标采用"加减分法"设置评分方法,从"时间"维度进行量化设置。基准目标值是"2小时",如果达到基准目标值可得满分10分;如果低于基准目标值,按照规则加分,加分上限是12分;如果高于基准目标值,按照规则减分,减分下限是0分。

4. 重大网络安全事故次数

本项指标采用"一票否决法"设置评分方法,从"数量"维度进行量化设置,要么得满分10分,要么得0分。

表4.19 咨询案例二

序号	KPI/重点工作	权重	评分方法
1	职工心理健康关爱服务工作任务完成率	30%	一、心理体检 (1) 2021年×月×日前,借助外部专业机构的力量,为全体人员进行心理体检,覆盖率达到100%,可得40分。覆盖率=完成心理体检的管制员人数/全体管制员人数×100%。 (2) 对于心理体检未达标的人员,采取心理干预措施,干预率达到100%,可得10分。干预率=已采取心理干预的人数/全体未达标人数×100%。 (3) 没有在规定时间内完成体检,覆盖率每减少一个百分点,扣4分;对于体检未达标人员未采取心理干预措施,干预率每减少一个百分点,扣2分。以上两项合计最高扣50分。 二、心理团体辅导 (1) 全年开展心理团体辅导×场,可得16分,在此基础上,每增加1场加2分,最高得20分。 (2) 少于×场,以16分为基准,每少1场,扣2分,最低得0分。 三、心理培训 (1) 2021年×月×日前,针对副处级以上领导干部,组织×场以心理基础知识与心理辅导基本技能为主要内容的心理培训,可得20分。 (2) 没有在规定时间内完成,每少1场,扣10分,最高扣20分。 四、成本管控 (1) 整体项目成本控制在×万元以内,可得10分; (2) 成本超出预算,每超出1万元,扣1分,最高扣10分

如表4.19所示,相比咨询案例一中定量的关键业绩指标,咨询案例二的指标属于相对定性的绩效指标——职工心理健康关爱服务工作任务完成率,评分方法的设置难度也相对较大。本项指标采用"加减分法",从心理体检、心理团体辅导、心理培训、成本管控4个方面设置评分方法。从时间、数量维度对心理体检进行量化设置,从数量维度对心理团体辅导进行量化设置,从时间、数量维度对心理培训进行量化设置,从成本维度对成本管控进行量化设置。

五、评估周期

实践中，比较常用的评估周期有3类：月度评估、季度评估、年度评估。一家企业采用哪一种评估周期，需要根据企业的发展战略、发展阶段、业务属性、组织文化、管理层级等实际情况综合确定。以管理层级为例，通常情况下，高层管理者更适合年度评估，中基层管理者更适合季度评估，普通员工中的脑力劳动者更适合季度评估，普通员工中的体力劳动者更适合月度评估。

六、数据来源

数据来源就是指考核周期结束后，在计算绩效指标得分时所需要的数据从哪里来。比如我们要计算收入计划达成率，就必须要有收入的实际值与计划值两个数据，否则就无法计算达成率，从而也让这个绩效指标失去了其最重要的衡量功能。确定绩效指标的数据来源需明确5个方面的问题：谁提供数据，以什么方式提供，什么时间提供，谁收集数据以及谁检验数据。数据来源分析见图4.9。

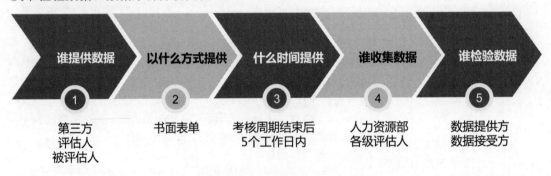

图4.9　数据来源分析

(一) 提供数据

数据要由与绩效指标无直接利害关系且能够获取相关数据的独立第三方提供。比如企业的财务部门负责提供财务数据，业务部门提供业务数据，人力资源部提供考勤数据等。除了独立第三方外，评估人与被评估人也可以提供绩效指标的相关数据。

(二) 提供方式

数据要通过书面表单的方式提供，数据的提供方与接受方均需在表单上签字确认。非特殊情况下，数据严禁以口头方式提供。

(三) 提供时间

具体提供时间可由企业根据自身的实际情况自行确定。通常情况下，我们建议绩效指标的相关数据在考核周期结束后的5个工作日内提供。

(四) 收集数据

根据"谁评估谁收集"的原则,理论上讲,由各级评估人负责收集数据。但根据笔者的经验,在绩效管理实践中,公司级与部门级绩效指标的数据通常都是由人力资源部门统一向数据提供方收集,而员工级绩效指标的数据则由相关评估人负责收集。

(五) 检验数据

无论是数据的提供方还是接受方,都有责任与义务检验数据的真实性与准确性。

七、实践操作

至此,关于绩效指标的六要素就全部讲解完了。下面进入实践操作环节,请大家根据本节的讲解,为自己所选择的公司或业务单位的某一个部门的部门级绩效指标配备目标值、计算方式、评分方法、数据来源、权重、评估周期6个要素。对于相对定性的绩效指标(重点工作),只需配备评分方法、数据来源与权重。最后,请将设定的绩效指标及其六要素填入表格。绩效指标和六要素的模板见表4.20。

表4.20 绩效指标和六要素

序号	关键业绩指标	目标值	计算方式	评分方法	数据来源	权重	评估周期
1							
2							
3							

序号	重点工作	评分方法	数据来源	权重
1				
2				

第五节 绩效指标设定的企业案例

A公司是一家在"大众创业、万众创新"的社会氛围下成立的创新型国有控股企业。为了切实推进组织战略,提升管理水平,创造更佳的财务业绩,2020年,A公司全面推行绩效管理。

一、设定公司级绩效指标

A公司根据上级单位下达的年度考核指标和公司年度发展战略，设定了年度公司级绩效指标。A公司把绩效指标分为4类：财务类指标、运营类指标、服务类指标和拓展类指标。A公司的公司级绩效指标见表4.21。

表4.21 A公司的公司级绩效指标

序号	指标类别	公司级绩效指标
1	财务类指标	公司高度关注的指标，包括但不限于： 营业收入总额、应收账款回收率、净利润增长率等
2	运营类指标	政府客户高度关注的指标，包括但不限于： ① 产值、税收额、招商的头部企业数量、重大活动次数、培训人才数量、高级人才引进数量等契约性指标； ② 政府客户满意度、基地载体入驻率、域外企业产值与数量占比等； ③ 软件著作权、高新技术企业、知识产权的数量等创新类指标
3	服务类指标	企业客户高度关注的指标，包括但不限于： 政府项目申报数量、重大活动组织次数、人员培训覆盖率、政策解读及时率、投资路演次数、企业客户满意度等
4	拓展类指标	新业务拓展高度关注的指标，包括但不限于： 拓展新基地数量、新型合作项目数量和新服务的数量等

二、设定部门级绩效指标

根据公司级指标分解、部门职责、内部协同、临时/阶段性重要事项和亟待改进的问题等部门级绩效指标的来源，A公司设定了所有职能部门与业务单位的部门级绩效指标。A公司两个部门的部门级绩效指标见表4.22与表4.23。

表4.22 A公司的部门级绩效指标(示例一)

部门	序号	指标类别	绩效指标	指标来源
××运营部	1	财务类指标	年度营业收入总额	公司级指标分解
	2		年度回款总额	公司级指标分解
	3		年度利润总额	公司级指标分解
	4	运营类指标	基地招商与载体入驻率	公司级指标分解
	5		契约指标达成率	部门职责
	6		提升政府客户满意率	亟待改进的问题
	7	服务类指标	与软件园协同工作达成率	内部协同
	8	拓展类指标	新的载体空间拓展任务达成率	临时/阶段性重要事项

表4.23　A公司的部门级绩效指标(示例二)

部门	序号	指标类别	绩效指标	指标来源
××管理部	1	财务类指标	行政办公成本费用控制率	公司级指标分解
	2	运营类指标	信息化二期建设任务达成率	公司级指标分解
	3		有影响力的重大品牌宣传活动的次数	公司级指标分解
	4		风险防控体系建设任务达成率	部门职责
	5		公文与合同的平均审批时间	部门职责
	6		特色党群工作计划完成率	临时/阶段性重要事项
	7	服务类指标	支撑分/子公司的重点事项达成率	内部协同

三、设定员工级绩效指标

根据部门级指标分解、岗位职责、内部协同、临时/阶段性重要事项和亟待改进的不足等员工级绩效指标的来源,A公司设定了所有员工的员工级绩效指标。A公司两位员工的员工级绩效指标见表4.24与表4.25。

表4.24　A公司的员工级绩效指标(示例一)

姓名	序号	指标类别	绩效指标	指标来源
张××	1	财务类指标	年度营业收入总额	部门级指标分解
	2		年度回款总额	部门级指标分解
	3		年度利润总额	部门级指标分解
	4	运营类指标	基地招商与载体入驻率	部门级指标分解
	5		部门契约指标达成率	部门级指标分解
	6		提升入驻企业客户满意率	岗位职责
	7	服务类指标	公司内部协同工作达成率	内部协同
	8	拓展类指标	新的载体空间拓展任务达成率	临时/阶段性重要事项

表4.25　A公司的员工级绩效指标(示例二)

姓名	序号	指标类别	绩效指标	指标来源
李××	1	财务类指标	收支预算执行的偏差率	部门级指标分解
	2	运营类指标	财务罗盘建设任务达成率	部门级指标分解
	3		应收账款催收的及时率	岗位职责
	4		出具月度财务分析报告的及时率	岗位职责
	5		财务管理制度培训计划完成率	岗位职责
	6		"智慧差旅"系统试运行的时间	临时/阶段性重要事项
	7		被公司采纳的合理化建议的条数	亟待改进的不足

四、为绩效指标配备六要素

A公司为各级绩效指标配备了目标值、权重、计算方式、评分方法、评估周期、数据来源6个要素,使绩效指标具备了实战的能力。实战化的绩效指标应达到指标清晰、标准量化、要素齐全的标准。绩效评估表见表4.26。

表4.26 绩效评估表

考核人	A	部门	C	岗位	D	评估周期	
被考核人	B	部门	C	岗位	E	××××年×月×日—×月×日	
序号	绩效指标	目标值	计算方式	评分方法	数据来源	权重	上级评分
1	年度营业收入总额	2亿元	营业收入达成率=2020年实际营收总额/2020年目标营收总额)×100%	① 达成率在100%(不含)以上,得分=实际达成率×15分,最高不超过18分; ② 达成率为95%(含)~100%,得分=实际达成率×15分; ③ 达成率为90%(含)~95%,得分=实际达成率×15分×80%; ④ 达成率为85%(含)~90%,得分=实际达成率×15分×60%; ⑤ 达成率为80%(含)~85%,得分=实际达成率×15分×40%; ⑥ 达成率在80%(不含)以下,0分	财务部	15%	
2	年度回款率	95%	回款率=2020年实际回款总金额/2020年目标回款总金额×100%	① 回款率在100%(不含)以上,得分=实际回款率×15分,最高不超过18分; ② 回款率为98%(含)~100%,本项得分=实际回款率×15分; ③ 回款率为96%(含)~98%,本项得分=实际回款率×15分×80%; ④ 回款率为94%(含)~96%,得分=实际回款率×15分×60%, ⑤ 回款率为92%(含)~94%,得分=实际回款率×15分×40%, ⑥ 回款率为90%(含)~92%,得分=实际回款率×15分×20%, ⑦ 回款率在90%(不含)以下,0分	财务部	15%	

(续表)

序号	绩效指标	目标值	计算方式	评分方法	数据来源	权重	上级评分
3	年度利润总额	0.2亿元	利润达成率=实际利润总额/目标利润总额×100%	① 利润总额达成率在100%(不含)以上，得分=实际达成率×10分，最高不超过12分； ② 达成率为95%(含)~100%，得分=实际达成率×10分； ③ 达成率为90%(含)~95%，得分=实际达成率×10分×80%； ④ 达成率为85%(含)~90%，得分=实际达成率×10分×60%； ⑤ 达成率为80%(含)~85%，得分=实际达成率×10分×40%； ⑥ 达成率在80%(不含)以下，0分	财务部	10%	

序号	绩效指标	评分方法	数据来源	权重	上级评分
4	契约指标达成率	① 基地企业总营业额达到1亿元。恰好达成，得5分；超额达成，得分=实际达成率×5分，最高不超过6分；未达成，0分。 ② 引进30家高科技企业，其中域外企业9家。恰好达成，得5分；超额达成，得分=高科技企业实际达成率×2.5分+域外企业达成率×2.5分，最高不超过6分；未全部达成，0分。 ③ 头部企业不少于5家。恰好达成，得3分；达成6家，得3.3分；达成7家，得3.6分；未达成，0分。 ④ 在北京设立"北京创新合作中心"，在瑞士设立"瑞士创新合作中心"。正常达成，得2分；提前15天及以上且较高质量达成，得2.2分；提前30天及以上且很高质量达成，得2.4分；未达成，0分	运营部	15%	
5	基地招商与载体入驻率	① 招商面积不小于10 000m²。 恰好达成，得5分；超额达成，得分=实际达成率×5分，最高不超过6分；达成率为90%(含)~100%，得分=实际达成率×5分；达成率为80%(含)~90%，得分=实际达成率×5分×50%；达成率在80%(不含)以下，0分。 ② 入驻率不低于90%。 入驻率在90%(不含)以上，得分=实际入驻率/90%×5分，最高不超过6分；入驻率为85%(含)~90%，得分=实际入驻率/90%×5分；入驻率为80%(含)~85%，得分=实际入驻率/90%×5分×50%；入驻率在80%以下，0分	运营部	10%	

(续表)

序号	绩效指标	评分方法	数据来源	权重	上级评分
6	提升政府客户满意率	① 满意率在90%(不含)以上，得分=满意率/90%×5分，最高不超过6分； ② 满意率为89%(含)～90%，得分=满意率/90%×5分； ③ 满意率为88%(含)～89%，得分=满意率/90%×5分×80%； ④ 满意率为87%(含)～88%，得分=满意率/90%×5分×60%； ⑤ 满意率为86%(含)～87%，得分=满意率/90%×5分×40%； ⑥ 满意率为85%(含)～86%，得分=满意率/90%×5分×20%； ⑦ 满意率在85%(不含)以下，0分	公关部	5%	
7	基地服务与协同工作达成率	① 完成8家企业税收优惠政策的申报。恰好达成，得5分；超额达成，得分=实际达成率×5分，最高不超过6分；未达成，每少1项次扣1分，最高扣5分。 ② 完成1家基地平台的政策申报。恰好达成，得1分；完成2项，得1.1分；完成3项，得1.2分；未达成，0分。 ③ 组织国内外前沿成果推介、协同创新发展主题论坛、创业训练营、IT技术训练营等高端系列活动不少于3场。恰好达成，得3分；组织4场，得3.3分；组织5场，得3.6分；未达成，0分。 ④ 大力推进科技成果转化，建立大信息产业高端项目池，项目不少于20个。恰好达成，得4分；超额达成，得分=实际达成率×4分，最高不超过4.8分；未达成，每少1个扣0.2分，最高扣4分。 ⑤ 加强与××公司的协同，向××公司推荐不少于10个投资项目。恰好达成，得4分；超额达成，得分=实际达成率×4分，最高不超过4.8分；未达成，每少1个扣0.4分，最高扣4分。 ⑥ 完成1次企业家训练营或城市创新学院活动。恰好达成，得1分；完成2次，得1.1分；完成3次，得1.2分；未达成，0分。 ⑦ 培养各类本地实用型人才不少于200人。恰好达成，得2分；超额达成，得分=实际达成率×2分，最高不超过2.4分；未达成，0分	运营部	20%	

(续表)

序号	绩效指标	评分方法	数据来源	权重	上级评分
8	新载体空间拓展任务达成率	成功拓展新的基地，载体空间面积不小于30 000m^2。 ① 恰好达成，得10分； ② 超额达成，得分=实际达成率×10分，最高不超过12分； ③ 达成率为90%(含)～100%，得分=实际达成率×10分； ④ 达成率为80%(含)～90%，得分=实际达成率×10分×50%； ⑤ 达成率在80%(不含)以下，0分	市场部	10%	

第六节 设定价值观考核指标

本章前五节讲述的公司级、部门级和员工级绩效指标都是用于衡量组织、部门与员工的工作业绩，我们称之为业绩指标。事实上，在员工层面，除了业绩指标外，还应有态度指标和能力指标，用于评价员工的工作态度和工作能力。近20年来，随着以BAT(百度、阿里巴巴、腾讯)为代表的互联网新兴企业的崛起，中国企业对员工价值观的考核日益重视。本质上，价值观考核就是对员工之前的工作态度、工作能力考核的集成与进化。

在长期的企业绩效管理工作实践和咨询实践中，我们深刻地体会到考核个体员工的价值观不仅重要而且必要。如果把工作业绩比喻成上层建筑，那么价值观就是经济基础。经济基础决定上层建筑，所以，价值观是工作业绩的底层逻辑。如果要考核员工的价值观，就要有科学的价值观考核指标，那么如何设定价值观考核指标呢？

一、提炼组织的价值观

如果一个组织没有清晰、明确的核心价值观，那么设定价值观考核指标的第一步就是根据组织的使命、愿景提炼组织的核心价值观。比如，阿里巴巴2019年9月10日之前的"六脉神剑"，底层三剑是做人；中间两剑是做事；最后，一剑封喉，指明方向。阿里巴巴的价值观见图4.10。

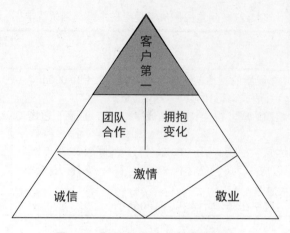

图4.10　阿里巴巴的"六脉神剑"

我们有一位非常优秀的企业客户，其提炼的核心价值观简洁明晰、切合实际，对员工的行为起到了非常好的引导作用。图4.11是该企业的价值观。

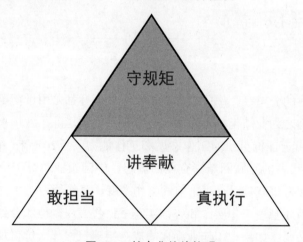

图4.11　某企业的价值观

组织的价值观确定以后，从绩效管理的视角来看，一条条价值观就是价值观考核指标。

二、设置评价标准

把企业认同的符合价值观的行为表现描述出来，就构成了价值观考核指标的评价标准，而后为不同的行为表现赋分。阿里巴巴和上文提到的案例企业的价值观考核指标与评价标准见表4.27和表4.28。

表4.27 阿里巴巴价值观考核指标与评价标准

考核指标	评价标准				
分值	1	2	3	4	5
客户第一	尊重他人，随时随地维护阿里巴巴形象	微笑面对投诉和受到的委屈，积极主动地在工作中为客户解决问题	与客户交流过程中，即使不是自己的责任，也不推诿	站在客户的立场思考问题，在坚持原则的基础上，最终达到客户和公司都满意	具有超前服务意识，防患于未然
团队合作	积极融入团队，乐于接受同事的帮助，配合团队完成工作	决策前发表建设性意见，充分参与团队讨论；决策后无论个人是否有异议，必须从言行上完全予以支持	积极主动分享业务知识和经验；主动给予同事必要的帮助；善于利用团队的力量解决问题和困难	善于和不同类型的同事合作，不将个人喜好带入工作，充分体现"对事不对人"的原则	有主人翁意识，积极正面地影响团队，改善团队士气和氛围
拥抱变化	适应公司的日常变化，不抱怨	面对变化，理性对待，充分沟通，诚意配合	对因变化产生的困难和挫折，能自我调整，并正面影响和带动同事	在工作中有前瞻意识，建立新方法、新思路	创造变化，并带来绩效突破性提高
诚信	诚实正直，言行一致，不受利益和压力的影响	通过正确的渠道和流程，准确表达自己的观点；表达批评意见的同时能提出相应建议，直言"有"讳	不传播未经证实的消息，不在背后不负责任地议论事和人，并能正面引导	勇于承认错误，敢于承担责任；客观反映问题，对损害公司利益的不诚信行为严厉制止	能持续一贯地执行以上标准
激情	喜欢自己的工作，认同阿里巴巴企业文化	热爱阿里巴巴，顾全大局，不计较个人得失	以积极乐观的心态面对日常工作，不断自我激励，努力提升业绩	碰到困难和挫折的时候永不放弃，不断寻求突破，并获得成功	不断设定更高的目标，今天的最好表现是明天的最低要求
敬业	上班时间只做与工作有关的事情；没有因工作失职而造成重复错误	今天的事不推到明天，遵循必要的工作流程	持续学习，自我完善，做事情充分体现以结果为导向	能根据轻重缓急来正确安排工作优先级，做正确的事	遵循但不拘泥于工作流程，化繁为简，用较少的投入获得较多的工作成果

表4.28 某企业价值考核指标与评价标准

考核指标	评价标准	对应分值
守规矩	对于公司的各项规章制度、工作要求，表里不一；对于公司规章制度、工作要求的意见，不通过正常组织渠道提出，而是背后不负责任地议论	0~1
	对于公司的各项规章制度、工作要求，虽然遵守，但属于被动遵守，既没有以身作则的意识，也很少有令行禁止的行为表现	2
	对于公司的各项规章制度，态度上主动带头遵守，行动上努力以身作则；对于公司的各项工作要求，态度上主动坚决遵守，行动上努力令行禁止	3
	对于公司的各项规章制度，态度与行动上完全做到带头遵守、以身作则；对于公司的各项工作要求，态度与行动上完全做到坚决遵守、令行禁止	4
敢担当	不愿意挑战困难的工作和直面挫折，常常选择放弃；不愿意挑战超越自己以往能力上限的工作；不愿意在工作出现失误的时候，勇于承担责任	0~1
	能够被动地挑战困难的工作和直面挫折，在部分工作事项上也能够做到永不放弃、追求成功；能够被动地挑战超越自己以往能力上限的工作；能够在工作出现失误的时候，愿意承担由于自己的原因造成失误的那部分责任	2
	主观上敢于主动挑战困难的工作与直面挫折，在大部分工作事项上能够做到永不放弃、追求成功；主观上敢于主动挑战超越自己以往能力上限的工作；主观上敢于主动在工作出现失误的时候，无论是不是自己的直接责任，都勇于承担责任	3
	敢于挑战困难的工作与直面挫折，永不放弃、追求成功；敢于挑战超越自己以往能力上限的工作；敢于在工作出现失误的时候，无论是不是自己的直接责任，都勇于承担责任	4
讲奉献	基本不具备无私奉献的精神，基本不愿意承担又苦又累的工作；基本做不到识大体、顾大局，比较计较个人得失，主观上不愿意服从公司工作安排	0~1
	具备一定的无私奉献的精神和使命感，一定程度上可以不计回报地承担又苦又累的工作；一定程度上可以做到识大体、顾大局，理解与尊重公司的决定，不过于计较个人得失，服从公司的工作安排	2
	基本具备无私奉献的精神，有使命感，大部分情况下可以不计回报地承担又苦又累的工作；基本能够识大体、顾大局，理解与尊重公司的决定，大部分情况下可以不计较个人得失，服从公司的工作安排	3
	具备无私奉献的精神，有使命感，甘愿不计回报地承担又苦又累的工作；能够识大体、顾大局，理解与尊重公司的决定，不计较个人得失，积极服从公司的工作安排	4
真执行	对公司要求的工作事项，执行效率不高，几乎不会立即行动，做不到今日事今日毕；执行效果不好，执行不到位，成效不明显	0~1
	对公司要求的工作事项，执行效率一般，偶尔可以立即行动和做到今日事今日毕；执行效果一般，执行偶尔到位，成效一般	2
	对公司要求的工作事项，执行效率较高，大部分情况下可立即行动和做到今日事今日毕；执行效果较好，执行较到位，成效较明显	3
	对公司要求的工作事项，执行效率高，能立即行动，能够做到今日事今日毕；执行效果好，执行到位，成效明显	4

通过提炼价值观、设置评价标准，价值观考核指标的设定就基本完成了。在实际应用中，除了评价标准外，我们还可以根据需要为价值观指标配备权重、评估周期、数据来源等绩效指标要素。

本章结语

本章重点阐述并解决了以下5个问题：如何设定公司级绩效指标，如何设定部门级绩效指标，如何设定员工级绩效指标，什么是绩效指标的六要素，如何设定价值观考核指标。通过解决这5个问题，从而把绩效指标完整地设定出来，并使其具备实战的能力。

至此，虽然绩效指标已经具备了实战的能力，但并未产生实战的成果，换句话说，这个时候的绩效指标还只是停留在书面阶段，并没有落地。而对于一家企业而言，真正想要的不是印制精美的书面的绩效指标，而是指标背后实实在在的业绩成果。那么如何才能化书面的绩效指标为有形的业绩成果呢？欲知如何，请阅读本书第五章——绩效过程管控。

第五章
绩效过程管控

▌问题聚焦

本章聚焦于解决如下3个关键问题，建议您务必掌握：
- 为什么要做绩效过程管控？
- 绩效过程管控前需要做哪些准备？
- 如何做好绩效过程管控？

▌开篇案例

好指标≠好结果

绿温公司(化名)是一家专注于耐火材料研发和生产的高科技企业，其产品主要销往欧洲市场，少量在国内销售。因产品质量过硬，绿温在国内外行业市场均树立了良好的口碑和品牌知名度。

2020年5月，为了彻底解决因"干多干少一个样"而严重挫伤员工积极性的问题，进而建立"业绩导向"的绩效文化，公司杜董事长亲自挂帅，并从外部聘请了专业的咨询机构，在公司从0到1建立并推行战略绩效管理体系。

根据专业咨询机构的建议，公司首先扎实、全面地梳理了自己的组织战略，然后开始设定各层级的绩效指标。杜董事长对绩效指标的设定工作非常重视，他坚定不移地认为绩效指标就是企业的指南针与指挥棒。他经常说："员工可能会不听他的，但一定会听指标的。"所以，在设定绩效指标的整个过程中，杜董事长会不厌其烦地和咨询顾问研讨每一个公司级绩效指标，会亲自审核每一个部门的部门级绩效指标。杜董事长除了自己重视外，还要求公司的各级管理者都要高度重视绩效指标的设定工作。俗话说上行下效，由于杜董事长的强力支持和带头作用，公司各级管理者也都比较重视并主动参与到绩效指标设定的工作中来，有的高管和部门负责人还为此献计献策。因此，绿温公司设定公司级、部门级、员工级绩效指标的工作效率和工作质量都比较高，战略绩效管理体系初期推行的顺利程度甚至超出了专业咨询机构的预期，成功的曙光似乎就要到来。2020年7月下旬，绩效指标设定完成，公司与部门之间、部门与员工之间分别签订了年度绩效合同。同时，按照绿温公司与咨询机构签订的协议，咨询顾问也要离场了。离场之前，咨询顾问特别提醒杜董事长及其他中高层管理者，后期一定要开展基于绩效指标的过程管控工作，千万不能把投入大量时间、精力设定完成的绩效指标锁在抽屉里。杜董事长微笑着答应了，他似乎对自己前期的工作也非常满意。

绩效指标设定完成后，尤其是伴随着外部咨询机构的离场，绿温公司上下都弥漫着一种"打完硬仗放松一下"的氛围，尤其是公司人力资源部负责人张经理，他长长地舒了一口气，暗自庆幸终于把一块硬骨头啃完了。很多人，包括杜董事长，在潜意识里都认为，既然已经有了指南针和指挥棒，那干就行了，等考核周期结束，把绩效指标拿出来对相关部门、员工进行考核，谁干得好谁干得不好，不就一览无余了吗？也就解决了"干多干少一个样"的问题。思想是行动的指南，加上公司事务繁忙，尽管咨询顾问的提醒言犹在耳，但杜董事长及各级管理者还是纷纷回到了之前的工作轨道，绩效管理体系的推行工作也暂时刀枪入库、马放南山，进入了阶段性休眠状态。

绿温公司执行的考核是年度考核，这意味着2020年8月1日正式生效的绩效指标，在2021年1月之前是不需要被考核的，而绿温公司在5个月时间里也没有开展过任何绩效过程管控工作。2021年1月，绿温公司根据新的战略绩效管理制度的相关规定，正式启动2020年度的绩效考核工作，当杜董事长再次把5个月之前设定完成的绩效指标拿出来，开始进行考核时，他发现了一些问题。

(1) 一些部门与员工没有完成自己的年度绩效指标，对公司"再上一层楼"的整体战略目标的实现产生了消极影响，但这个时候采取补救措施为时已晚。

(2) 相比之前没有绩效指标，员工的工作压力与动力确实有所增加，但他们就像小学生一般，只是到了快考核的时候才会紧张起来，平时好像还是和之前一样，而这并不是杜董事长希望看到的。

(3) 很多绩效指标的评分所依赖的数据需要在执行的过程中收集，尽管这些指标当初设定得非常好，评分标准也很量化，但是由于在执行的过程中没有进行数据收集，导致原本可以精准评分的指标，只能由评分者根据主观印象评分或者是为了不得罪人直接给个满分，这严重影响了考核结果的精准度。如果依据这个考核结果发放年终奖金，不仅违背了公司解决"干多干少一个样"的问题的初衷，还会引发新的矛盾与问题。

(4) 由于考核结果不精准，缺少绩效指标执行的过程数据，考核之后的绩效反馈与面谈变得"骑虎难下"。

杜董事长陷入了沉思，他开始后悔没有听取咨询顾问的建议。假如你是杜董事长，未来你将采取什么措施解决以上问题？

第一节 绩效过程管控的作用

一、绩效过程管控的内涵

绩效过程管控中的"过程"是指从绩效指标设定完成之后至绩效考核开始之前的这个阶段,管控的对象就是绩效指标的完成情况。绩效过程管控本质上就是一种过程管理。

二、绩效过程管控的作用

我们常说,珍贵的友谊需要经营,幸福的婚姻需要经营,健康的身体需要经营。同样的道理,优异的绩效也需要经营。可以这么说,无经营就无绩效。实践证明,有效的绩效过程管控对绩效指标的达成具有4个方面的积极作用:转化成果、保持动力、解决问题和提升改进。绩效过程管控的作用详解见图5.1。

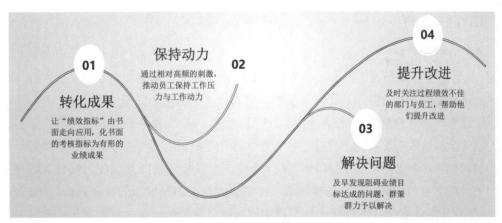

图5.1 绩效过程管控的作用

(一)转化成果

通过绩效过程管控,有助于"绩效指标"由书面走向应用,从而化书面的绩效指标为有形的业绩成果,这也是绩效过程管控的核心价值所在。我们认为,任何无法落地的绩效指标都如同废纸一张,它耗费了组织大量的人力、精力、时间资源,却没有产生任何价值,这样的绩效指标就是"流氓指标"。如果指标设定完成以后,没有开展基于绩效指标的过程管控,而是把它们锁在抽屉里,那么这样的"流氓指标"就会层出不穷,从而让前期的成果大打折扣。

(二) 保持动力

绩效过程管控通过相对高频的刺激，既可以让员工保持适度的工作压力，又可以让员工保持较长时间的内在工作动力。举个例子，每一位家长都希望孩子学习成绩优异，如果一种管理孩子学习的方式是不闻不问，全凭孩子自己学，而另一种管理方式是定期对孩子的学习情况给予监督、检查、反馈、激励，显然第二种方式更有可能帮助孩子取得优异的成绩。事实上，管理员工的绩效和管理孩子的学习有很多共同之处。员工在工作中的心理状态和孩子很相似。中国有句俗话："树怕扒皮、人怕见面"。在绩效指标执行的过程中，通过绩效过程管控措施定期、持续地"揪揪小辫子、提提小鞭子"，必要时给予相应的支持，相比没有过程管理，确实能让员工有更大的压力和更强的动力，有助于达成绩效指标。

(三) 解决问题

通过绩效过程管控，有助于及早发现阻碍绩效指标达成的问题并群策群力去解决。持续的绩效管控有助于把问题消灭在萌芽状态，避免了小问题累积成大问题，造成无法补救的被动局面。像本章开篇案例绿温公司出现的"一些部门与员工没有完成年度绩效指标，想要采取补救措施但为时已晚"的问题，如果在绩效指标设定完成之后，有计划、有步骤地开展绩效过程管控工作，或许情况会有很大的不同。

(四) 提升改进

通过绩效过程管控，可以及时发现并干预过程绩效不佳的部门与员工，帮助他们改进绩效。Y公司是一家全国连锁的大型宠物医疗机构，设立多家宠物医疗分院。2018年12月底，公司总部向所有分院下达了年度关键业绩指标，包括但不限于营业收入、净利润率、客户满意率、新客户消费占比等。绩效指标下达后，Y公司由总部运营部牵头，对各家分院的绩效指标达成情况实施严格的过程管控。2019年4月初，经过3个月的过程管控，总部运营部的数据分析显示，相比2018年第一季度，大多数分院的营业收入都呈大幅增长态势，平均增幅超过40%。但是与整体增长形成较大反差的是位于天津滨海新区的F分院，连续3个月月度营业收入不达标，每个月的收入排名在全公司都是倒数第一，并且月月亏损。Y公司根据在绩效过程管控中发现的问题，抽调总部相关人员组成工作组，由总经理亲自带队赴F分院现场办公。通过调研，工作组发现，造成F分院过程绩效不佳的原因非常简单：一是F分院院长的心思根本就不在经营上；二是分院冗员严重，造成F分院的人力成本居高不下，形成亏损。找到问题的症结后，Y公司采取了以下干预措施：一是通过公开竞聘选举产生新的院长；二是在F分院实行院长承包制，院长有权决定人员的去留，有权决定剩余利润的分配。新的干预措施实施2个月后，F分院的客户满意率和新客户消费占比开始稳步提升，3个月后，月度营业收入开始达标，而且实现了月度扭亏为盈。

第二节
绩效过程管控的准备

有效的绩效过程管控对绩效指标的达成成效显著，但它是一项"使命光荣、责任重大"的工作，想长期坚持做好实属不易。根据我们的经验，在实施绩效过程管控之前，做好准备工作非常重要。绩效过程管控的准备工作见图5.2。

图5.2　绩效过程管控的准备工作

一、明确责任

不同于绩效指标设定的"一次齐活歇半年"，绩效过程管控是一项日常性、持久性的工作，是一项非常烦琐的工作。对于这种性质的工作，如果个体完全靠自觉、自发、自愿是很难坚持下来的。因此，公司应通过制度或文件的规定，将绩效过程管控的责任法定化，明确各级人员的主体责任，同时严格追究违反制度或文件的责任。

(一) 最高领导者的责任

首先要明确组织最高领导者在绩效过程管控中应承担的责任，最高领导者的责任是坚定支持、带头执行。在组织内部推行绩效管理是"一把手"工程，如果没有最高领导者的倾力支持与参与，要想打赢绩效过程管控这场持久战几乎是不可能的。比如本章开篇案例中的绿温公司，由于杜董事长在思想上重视绩效指标设定而忽视绩效过程管控，公司的绩效过程管控工作就没有开展起来，从而引发一系列问题。只有组织最高领导者真正认识到绩效过程管控工作的重要意义，从而坚定支持并带头执行，组织中的其他人员才有可能重视并行动。

(二) 中高层领导者的责任

除了最高领导者之外,组织的各级中高层领导者,尤其是部门负责人,在绩效过程管控中承担着不可推卸的主要责任。他们的责任是按时、保质、保量完成自己的绩效过程管控工作。

(三) 基层员工的责任

基层员工在绩效过程管控中也不是"无责一身轻",基层员工的责任是主动、定期地向直接上级汇报自己的绩效指标达成情况,积极采取措施改进自己的过程绩效。

(四) 人力资源部的责任

很多人认为,绩效过程管控的主要责任应该在人力资源部。绩效管理的实践一再证明,绩效过程管控成败的关键不在人力资源部,而在各级中高层领导者。在思想上和行动上把绩效管控的主要责任归于人力资源部的组织,其绩效过程管控工作失败的概率都非常高。人力资源部在绩效过程管控中的责任有以下几种。

(1) 按照制度或文件规定,组织开展绩效过程管控工作。
(2) 为绩效过程管控工作提供方法、工具和培训等方面的支持。
(3) 监督各级管理者完成所分配的绩效管控工作。

二、公开指标

就当前的现实情况来看,大多数企业的绩效指标在内部是不公开、不透明的。但是,很多企业的高层管理者并不反对公开指标。根据我们在绩效管理咨询项目中的经验和思考,在不涉及泄露组织机密的前提下,可以将所有公司级、部门级、员工级绩效指标在组织内部公开,所有员工均可查阅。我们观察的结果显示,选择公开指标的组织更可能出现以下4种情况。

(1) 增进组织的部门之间、员工之间对彼此工作的了解,有助于实现跨部门、跨岗位指标的横向对齐,有助于打破部门墙、岗位栏的阻隔。

(2) 有助于组织内部各部门、成员之间学习彼此成功的经验,吸取失败的教训,并营造"比学赶帮超"的良性竞争氛围。

(3) 公司级、部门级、员工级绩效指标的公开、透明,在某种程度上相当于组织及组织内部的每个部门、每位员工对外做出的"公众承诺",俗话说:"人要脸、树要皮。"此种"公众承诺"既给组织的各级人员增加了压力,又增强了他们完成绩效指标的内在动力。

(4) 有助于在组织内部释放一个积极、正向的信号,即"我们"的绩效管理是公正的、民主的、阳光的,从而降低内部员工对绩效管理的疑虑,增加他们对绩效管理的好感与信任。

在组织内部出现以上情况,是做好绩效过程管控非常有利的积极因素,可以在较大程度上提高过程管控的效率。

三、管控培训

1. 培训时间

关于绩效过程管控培训的时间点,建议安排在绩效指标设定完成之后、绩效过程管控开始之前。

2. 培训对象

绩效过程管控的培训对象主要为承担绩效过程管控主责的各级中高层领导。

3. 培训内容

主要聚焦于3个问题:为什么要做绩效过程管控,如何做绩效过程管控,绩效过程管控常见问题剖析。

4. 培训方式

绩效过程管控的培训方式包括以下两种:理论讲解与实际操作相结合,线上与线下相结合。

第三节 绩效过程管控"三板斧"

准备工作做完后,万事俱备、只欠东风,这里所说的"东风"就是绩效过程管控"三板斧"——会议、沟通、辅导,即MCM模型。MCM模型见图5.3。

图5.3 绩效过程管控"三板斧"——MCM模型

一、会议

当你看到"会议"这个词的时候,会不会在心中泛起一丝丝的不快甚至反感?尤其是想起自己过往痛苦的开会经历。作为绩效过程管控的第一板斧，绩效管控会议是有营养、有能量的会议，虽然它也会占用组织与个体的时间，但是能有效保障组织与个体绩效指标达成的效果。

(一) 会议类型

实施绩效过程管控，要定期召开3种类型的会议，会议的召开频率、名称、参会人员、建议时长等见图5.4。

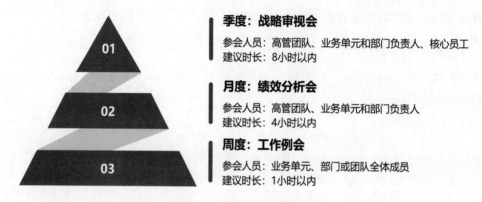

图5.4 绩效过程管控会议

(二) 会议内容

关于上述3种会议的内容，每个组织可以根据自己的实际情况确定，并没有统一的标准。但无论是工作例会、绩效分析会还是战略审视会，其目的都是对绩效指标达成的过程进行管控，而内容必须服务于目的。基于此，图5.5所示4点应该成为绩效过程管控会议的重点内容。

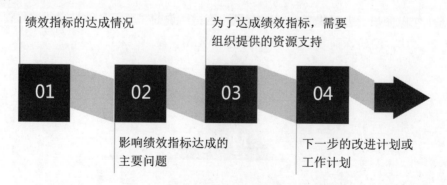

图5.5 绩效过程管控会议的重点内容

绩效过程管控就是要通过会议，不断地重复重复再重复，通过相对高频的刺激，帮助组织及其员工形成"关注结果、思考问题、寻找资源、提升改进"的工作习惯，这是绩效指标达成的可靠保障。

(三) 会议规则

如何开好绩效过程管控会议呢？古话说："没有规矩，不成方圆。"为避免开成时间冗长、效率低下、议而不决的会议，必须要建立绩效过程管控会议的规则，具体如下所述。

1. 六个"有"

(1) 会前：有准备、有议题。
(2) 会中：有议程、有记录。
(3) 会后：有结果、有跟踪。

2. 三个公式

(1) 开会+不落实=0。
(2) 布置工作+不检查=0。
(3) 抓住不落实的事+追究不落实的人=落实。

(四) 实践操作

至此，关于绩效过程管控的第一板斧——会议就全部讲解完了。下面进入实践操作环节，如果条件具备，请大家根据本部分的讲解，组织召开一次绩效过程管控的模拟会议。

二、沟通

会议是在组织与群体层面对绩效进行管控，但如果想让绩效过程管控发挥更大的效力，还必须下沉，将管控落实到员工个体层面，这就是绩效过程管控的第二板斧——"一对一"沟通。相比会议，"一对一"沟通更有针对性、更聚焦，更能让员工感受到被尊重、被重视。

(一) 沟通参与方

"一对一"沟通的参与方就是直接上级与直接下级。

(二) 日常沟通

直接上级与直接下级间的日常"一对一"沟通可以随时、随地进行，形式也不拘一格。在移动互联网时代，日常的"一对一"沟通可以利用微信、QQ等数字化工具，不仅方便快捷而且有记录。比如GE公司的PD@GE，日常沟通的每一段录音、每一次交流都能保存，对于后续的绩效考核与回顾非常有帮助。

(三) 定期沟通

除了日常沟通外，直接上级与直接下级之间还要进行定期"一对一"沟通。如何做定期的"一对一"沟通，见图5.6。

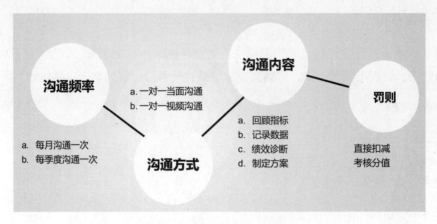

图5.6 定期"1对1"沟通

1. 沟通频率

沟通频率根据组织的考核周期和绩效文化的成熟度有所不同。比如微软公司要求管理者每两周(至少每个月)与其直接下属开一次"一对一"会议。而对于广大的中国企业而言,笔者建议,如果考核周期是季度或者公司具有成熟的绩效文化,则至少每月进行一次"一对一"沟通,时长不超过1小时;如果考核周期是年度且刚刚开始实施绩效管理,尚未建立绩效文化,则至少每季度进行一次"一对一"沟通,时长不超过1.5小时。

2. 沟通方式

只要条件允许,"一对一"沟通首选面对面沟通的方式。如果条件有限制,也可以采用视频、电话沟通的方式。

3. 沟通内容

(1) 回顾指标。双方首先要简要回顾绩效指标的达成情况。"一对一"沟通的核心目标就是帮助员工发现并解决阻碍绩效指标达成的问题,没有回顾就谈不上发现问题,所以这一步非常重要。

(2) 记录数据。"一对一"沟通中有一项特别重要的内容,即对能够反映员工日常行为与结果的关键事件、数据做好记录并经双方共同确认,从而为后续的绩效考核与面谈奠定坚实的基础。举个例子,假设某企业的考核周期是年度,该企业考核研发工程师的主要绩效指标是项目数量。某位研发工程师在一年的时间内参与了多个项目,有的项目是他独立完成的,有的项目他参与了大部分工作,而有的项目他仅参与了小部分工作,那么这位研发工程师一年合计做了多少个项目呢?如果没有及时记录,到年终考核的时候,极有可能就是一笔糊涂账。无论绩效指标设定得多么合理,评分标准设置得多么量化,都无法精准衡量这位研发工程师的年度工作业绩。像"完成的项目数量"这类非常量化的绩效指标尚且如此,那么相对定性的绩效指标,比如"公司要求事项贯彻落实情况",如不及时记录根本无法精准衡量。所以,我们建议在实践中,根据员工承担的绩效指标,编制相对应的记录表，在"一对一"沟通时，由双方共同填列并确认。项目数量分配表和落实情况记录表分别见表5.1与表5.2。

表5.1 团队成员项目数量分配记录

序号	项目成员	项目名称	项目类别	折合标准项目数	个人占比	个人项目数量	执行人签名
1							
2							
3							
4							
5							

表5.2 公司要求事项贯彻落实情况记录

序号	延迟落实的事项名称(是或否)	延迟天数	执行人签名
1			
2			
3			

序号	月度检查与通报	开展本月度检查(是或否)	通报相关部门与公司领导(是或否)	执行人签名
1	1月			
2	2月			

（3）绩效诊断。绩效诊断就是基于员工，尤其是过程绩效不佳的员工，在绩效指标达成过程中暴露出来的问题，找出问题的根源，并与员工共同探讨、制定解决方案的过程。根据美国管理协会的统计数据，造成人员绩效问题的主要原因见图5.7。

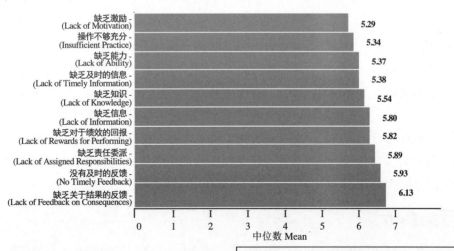

来源：Rothwell W. 超越培训与发展：提高人员绩效的最新途径[M]. 纽约：美国管理协会，1996.

图5.7 造成人员绩效问题的原因

直接上级在"一对一"沟通的过程中，要通过绩效诊断，帮助直接下级找到其绩效问题的原因。我们认为，通常情况下，导致员工过程绩效不佳的原因主要源自5个方面：知识、经验、技能、态度和外部不可控因素。那么如何确定具体是哪一个或哪几个原因导致了绩效问题呢？下面为大家介绍一种我们在绩效管理咨询项目中经常使用的方法——5Why分析法。

5Why分析法最早由日本的丰田佐吉提出并在丰田公司大获成功。顾名思义，5Why分析法就是本着追根溯源的精神，连问5个"为什么"，问得足够深入，从而找出问题的根源。例如，有一家号称全球最大的3D聊天和装扮社区的互联网公司，它拥有一个虚拟现实网站，用户可以在虚拟空间同其他用户互动。有一次，该网站在发布一个新版本的时候不慎禁掉了一个关键特性，导致大量用户投诉。众所周知，网站的生存严重依赖于活跃且积极的用户，所以该公司必须找出问题的根源所在。于是相关网站人员就运用了5Why分析法：

① 为什么新版本禁掉了一个关键特性？因为某台服务器停机了。
② 为什么服务器会停机？因为某个子系统被错误调用了。
③ 为什么这个子系统会被错误调用？因为调用它的工程师不清楚它的具体用法。
④ 为什么这个工程师不清除该子系统的具体用法？因为他没有被培训过。
⑤ 为什么这个工程师没有被培训过？因为他的管理者很忙，认为没有培训的必要。

该公司原本认为是技术缺陷导致的客户投诉，通过5Why分析法发现，这个问题竟然是一个管理者的错误决定导致的。事实上，我们在绩效诊断工作中运用5Why分析法时，也时常会得到一个意想不到的结果，给了我们很多深刻而有益的启示。

(4) 制定方案。通过绩效诊断找到问题产生的原因后，直接上级与直接下级就要共同探讨并制定解决方案。制定解决方案是一项费力且费时的工作，考虑到"一对一"沟通的时间有限，建议双方先勾勒出一个简要的框架，随后再一起补充完善。

4. 罚则

在绩效过程管控初期，各级管理者尚没有形成"一对一"沟通的工作习惯，沟通意识淡薄，沟通意愿较弱。鉴于此，我们建议设立一项针对过程管控沟通的罚则，目的在于通过外部强制力帮助管理者培养"一对一"沟通的习惯。那么如何设定定期沟通的罚则呢？这个没有一定之规，每个组织可以根据自己的实际情况设定。但就笔者而言，我们在绩效管理实践中是这样设定罚则的：对所属直接下级未全部进行月度或季度"一对一"过程管控沟通的管理者，如出现1人未沟通，公司将在其下个考核周期的考核评分中直接扣减1分，累计扣分=未沟通人数×1分。

(四) 实践操作

至此，关于绩效过程管控的第二板斧——"一对一"过程管控沟通就全部讲解完了。下面进入实践操作环节，请大家根据本部分的讲解，选择一位工作伙伴，就你们在实际工作场景中遇到的某个问题，用5Why分析法找出导致该问题的根本原因。

三、辅导

通过绩效诊断，我们先找到了阻碍员工绩效指标达成的原因，然后根据这个原因，与员工共同制定解决方案。那么如何才能保证解决方案落地并产生实效呢？这就是绩效过程管控的第三板斧——绩效辅导。

(一) 辅导方针

基于通常情况下阻碍绩效指标达成的原因，我们分别从能力与意愿两个方面确定了十六字辅导方针，见图5.8。

图5.8　十六字辅导方针

绩效辅导通常可以解决能力与意愿不足导致的问题，但是无法解决外部不可控因素导致的问题。不过，根据我们的观察与经验，在导致过程绩效不佳的原因中，90%以上是内因而非外因。

(二) 员工分类

绩效辅导最忌讳"一招鲜吃遍天"，企图用一把钥匙开所有的门。笔者建议首先从意愿和能力两个维度，对组织的员工进行分类，然后分门别类进行个性化、有针对性的绩效辅导。员工分类见图5.9。

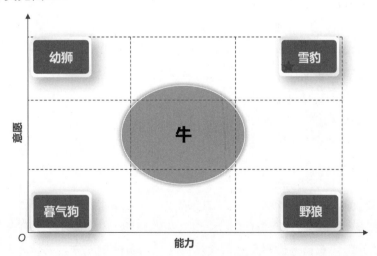

图5.9　员工分类

1. 幼狮

我们称第一类员工为"幼狮"。他们的意愿很强,特别想建功立业,但是能力不足,导致过程绩效不佳。

2. 暮气狗

第二类员工我们称之为"暮气狗"。他们的意愿与能力双低,导致过程绩效不佳,这类员工最麻烦。

3. 野狼

我们称第三类员工为"野狼"。他们的能力很强,但意愿不足,导致过程绩效不佳。

4. 雪豹

我们称第四类员工为"雪豹"。他们的意愿和能力都很强,过程绩效优异。

5. 牛

我们称第五类员工为"牛"。他们的意愿和能力均尚可,过程绩效能够达标。

(三) 辅导策略

员工分类完成后,直接上级可根据员工所属的类别,分别采用不同的辅导策略。在此特别说明一点,以下辅导策略均系我们对所实施的绩效管理咨询项目的思考与提炼,抛砖引玉,供大家参考。

1. 幼狮

根据我们的观察,这类员工主要是组织中的新员工群体,尤其是应届毕业生。针对此类员工的辅导策略如下所述。

(1) 为他们制订简洁、清晰、系统的辅导计划。
(2) 指派组织中的优秀员工作为他们的指导人,导师带徒。
(3) 指导人采用"我说你听、我做你看、你说我听、你做我看"的方式,手把手指导。
(4) 辅导他们制订个人工作计划、确定工作优先级以及进行时间管理。
(5) 积极为他们创造定期当众分享成长与心得的机会。
(6) 直接上级及时给予他们工作结果的反馈。

2. 暮气狗

这类员工不仅意愿与能力双低,而且通常具有以下特点:一是对自己缺乏正确的认知,自我感觉良好;二是心态封闭,不太能听取他人的意见,对变化有抗拒心理;三是"言"胜于"行",说得多做得少;四是抱怨较多、负能量较大,总认为一切都是别人的错。这类员工常常是绩效辅导要啃的"硬骨头",针对此类员工的辅导策略如下所述。

(1) 晓之以理、诱之以利。在绩效辅导时,首先,明确告知他们如果继续这样下去的后果。其次，基于此类员工往往比较重"利"，要多从物质激励的角度尝试激发他们的内在动力，不谈或少谈"理想与情怀"。

(2) 直接上级与他们共同探讨"意愿低"背后可能不为人知的顾虑。消除顾虑是改变意愿的有力抓手，尤其是那些符合人之常情但又与工作无关的顾虑。比如，有一家企业，很多女员工最大的顾虑就是孩子放学后无人接管，为此公司专门开辟了一个房间，供员工的孩子们放学后写作业、游戏。此举既消除了员工的顾虑，让他们感受到公司的关爱，又让少数以接孩子为由早退的员工没了理由。

(3) 直接上级采用"我说你听、我做你看、你说我听、你做我看"的方式，手把手指导。

(4) 为他们设定短期、明确、可达成的目标。此类员工一般不具有长期主义的理念，所以，对他们实施绩效辅导尽量不要设定长期目标。

(5) 要给予他们适度的鼓励，不排除使用善意的谎言。

(6) 直接上级应及时给予他们工作结果的反馈。

3. 野狼

这类能力强但因意愿低导致过程绩效不佳的员工，往往集中在处于迷茫期或比较"佛系"的员工群体。针对此类员工的辅导重点是解决底层动力的问题，具体策略如下所述。

(1) 给予他们充分的尊重，以赢得他们对组织和直接上级的信任。

(2) 直接上级与他们共同探讨他们目前的发展瓶颈、解决方案和未来的发展路径。

(3) 动之以情、激之以业，触动他们的心灵扳机。

(4) 拒绝一味鼓励，直接上级对于他们在工作中的错误与不足，要选择时机，有理有据地严厉批评，触及他们的内心；

(5) 直接上级应及时给予他们工作结果的反馈。

4. 雪豹

这类员工通常是明星员工，不是绩效辅导的重点对象，但这并不意味着这类员工不需要辅导。针对此类员工的辅导策略如下所述。

(1) 给予他们更大的舞台、更多的机会、更多的责任、更重的担子。

(2) 将他们培养为更高岗位的接班人。

(3) 直接上级应及时给予他们工作结果的反馈。

5. 牛

这类员工是组织中的大多数，过程绩效虽达标但并不突出。针对此类员工的辅导策略如下所述。

(1) 直接上级帮助他们进一步提升能力，提高意愿。

(2) 在日常工作中给予他们更多的责任、更重的担子，鼓励并帮助他们靠近或成为"雪豹"类员工。

(3) 直接上级应及时给予他们工作结果的反馈。

四、有效反馈的原则

无论对哪一类员工进行绩效辅导，都有一个共同的策略，那就是及时给予他们工作结果的反馈，这说明反馈在绩效辅导中扮演着非常关键的角色。那么如何进行有效反馈呢？我们认为，有效反馈应遵循FAST的原则，见图5.10。

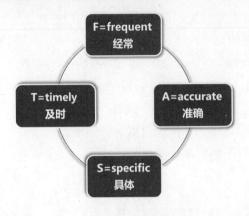

图5.10　有效反馈的原则

(一) 经常(frequent)

何谓经常？这是一个仁者见仁、智者见智的定性概念，而且会因时、因地、因企、因问题等有所不同。我们认为，对于员工在绩效指标达成过程中取得的成绩、存在的问题等，除了日常反馈外，直接上级应至少每个月正式反馈一次并给予有针对性的建议，半年或一年反馈一次显然不能视为经常。

(二) 准确(accurate)

首先，直接上级在反馈之前首先要把准员工的脉，抓住问题的本质，从而准确反馈。比如一个员工过程绩效不佳，是因为态度、知识、经验、技能方面存在问题还是由外部因素导致，在反馈的时候一定要精准，不能把态度反馈成能力，把能力反馈成外部因素。其次，直接上级要能够将自己的想法用准确的语言表达出来，并让员工能够准确地理解。

(三) 具体(specific)

工作反馈要具体，切忌宽泛、模糊，只有反馈具体，员工才能更好地改进。假定我们要向员工反馈其工作礼仪问题，不能仅仅反馈说"你不懂工作礼仪"，而是要具体反馈该员工在什么时间、什么地点做出了不符合工作礼仪的行为。比如可以这样反馈："2021年5月28日下午，你陪同张经理外出，在公司办公楼下乘车时，张经理还没上车，你却先上了车，你的行为不符合公司礼仪管理规定第三条第二款的相关规定。"

(四) 及时(timely)

直接上级针对员工在绩效指标达成过程中取得的成绩、存在的问题以及给予的建议等，最好能尽快反馈给他们，因为员工对刚经历的事情印象深刻，反馈效果好。有一年，惠普公司的某个团队在开展一项关键技术的攻关，但很久没有进展。随着时间的推移、资源的投入和任务期限一天天逼近，整个团队从上到下既辛苦又焦虑。一天中午，这个技术难题终于被攻克，当一名研发人员欣喜若狂地将这个喜讯告诉上司的时候，同样兴奋的上司立即拿起桌上的一根香蕉奖励给这名研发人员，以示鼓励与祝贺。这名研发人员将这根饱含认可与激励的香蕉视若金香蕉一般。

本章结语

本章重点阐述并解决了以下3个问题：为什么要做绩效过程管控，绩效过程管控前需要做哪些准备工作，如何做好绩效过程管控。通过本章的学习，我们知道绩效过程管控的核心价值就是化书面的绩效指标为有形的业绩成果。那么，在绩效过程管控结束以后，组织及其各级部门、员工到底有没有把他们承担的书面的绩效指标转化为有形的业绩成果呢？欲知如何，请阅读本书第六章——绩效考核评分。

第六章
绩效考核评分

▌问题聚焦

本章聚焦于解决如下4个关键问题,建议您务必掌握:
- 绩效考核应坚持的基本原则是什么?
- 绩效考核的内容有哪些?
- 如何进行考核结果的强制分布?
- 如何精准考核各级员工的绩效?

▌开篇案例

远景公司的绩效考核怎么了

远景公司成立于2010年,它是一家致力于提供领先的企业级信息技术服务的高科技企业。在公司创始人李先生的带领下,经过10年的奋斗与发展,公司跨过了生存期与高速增长期,逐步迈入成熟期。李先生也从公司"首席营销员"的位置上退了下来,开始关注公司的战略、人才、激励等内部管理问题。他发现,如何精准评价各级员工的工作业绩、工作能力、工作态度并据此给予员工合理的回报,已经成为制约远景公司未来发展的关键问题。

鉴于此,在李先生的推动下,远景公司引入了一家知名管理咨询机构,通过对标行业龙头企业,建立了一套自己的绩效考核体系。这套体系从工作业绩与价值观两个方面对员工进行评价。对于工作业绩,基于公司战略设定了相对量化、科学的绩效指标,占考核分值的70%;对于价值观,基于企业文化设定了5个指标,每个指标分为5个等级,并定性描述了每个等级的评分标准,占考核分值的30%。最后把工作业绩与价值观加权平均就可以得出每个员工的考核成绩。李先生对这套考核体系比较满意,他觉得这是知名管理咨询公司设计出来的，而且行业龙头企业也在用，应该没什么问题。2021年3月，远景公司正式执行新的绩效考核体系，各级员工都与自己的直接上级签订了绩效合同，所有员工的考核周期均为年度。转眼到了2022年1月，按照新的绩效管理制度的规定，公司组织开展了对各级员工2021年度的绩效考核工作。但是这次考核结果并非如李先生预料的那样成功，反而出现了一些让他颇感头疼的问题。

首先，公司员工的整体考核分值非常高，如果按考核分值对应的考核等级(优秀、良好、合格、尚待改进、不合格)，所有员工的评级都是"优秀"或"良好"，连"合格"都没有。但远景公司2021年的经营业绩并不突出，所以公司员工的考核成绩既不符合公司的真实状况，又与多数员工的真实绩效不符。更为尴尬的是，根据公司绩效考核制度的规定，考核等级为"优秀"与"良好"的员工第二年要分别涨薪10%与5%。李先生原本希望通过绩效考核帮助公司增长业绩，结果却导致业绩没有增长、员工普遍涨薪的局面。

其次，价值观考核是定性评价，90%以上的员工价值观考核分数都是满分30分，其余10%的员工虽然没有得到满分，但也只是象征性地扣了1~3分。远景公司的价值观对员工的行为要求还是比较高的，所以这个价值观考核结果与事实明显不符。

再次，一些平时工作表现比较出色的员工考核分值排在了后面，而一些平时工作表现一般的员工考核分值却排在了前面。如果根据公司的绩效考核制度对这些平时表现出色的员工降级降薪，无疑会严重挫伤他们的工作积极性，甚至导致人才流失。但是如果不给予他们降级降薪，则破坏了考核制度的严肃性。

最后，公司的很多骨干员工在私下抱怨，他们认为本次年度绩效考核并不能如实反映自己和他人的工作业绩、工作能力和工作态度，很多指标的评分都缺少依据，只能靠领导的主观印象评分，简直就是一场绩效考核的表演与游戏。

假如你是李先生重新任命的公司人力资源部经理，你认为出现上述问题的症结在哪里？后续你会采取哪些措施帮助李先生解决这些问题？

第一节
绩效考核的原则

谈及绩效考核，相信很多人并不陌生。相比绩效指标设定、绩效过程管控，绩效考核可能是绩效管理中大家相对熟悉的部分。不过虽然大家相对熟悉绩效考核，但是很多企业的绩效考核整体效果并不理想。原因是多方面的，比如管理者缺乏评估的技能，不掌握员工实际的工作信息和没有及时反馈考核结果等。为了确保考核结果相对精准，首先要遵循一定的考核原则。图6.1呈现了我们在绩效考核实践中总结的基本原则。

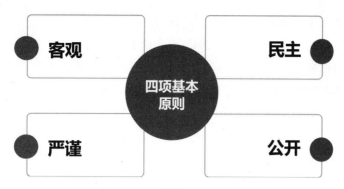

图6.1 绩效考核的原则

一、客观

绩效考核要以日常的观察、记录为基础，重视考核前的数据采集，用客观的数据和事实说话，不能主观臆断。

笔者曾经主导过一个绩效管理咨询项目，为了方便客户能够在日常的绩效过程管控中收集关于绩效指标的客观数据与事例，我们根据要考核的绩效指标及其评分标准，专门设计了24张各类采集表、记录表、确认表和细化评估表，具体包括"绩效考核指标数据采集表""项目报告差错次数记录表""公司采纳的合理化建议确认表"等，从而帮助客户在考核前、考核中真正实现"客观"原则。

二、严谨

严谨是指绩效考核的流程要细致、周全，正如本书第三章第二节所述，流程的本质就是如何把事情做好。所以，如果想把绩效考核做好，就必须有严谨、科学的流程。关于绩效考核流程，本章第四节将详细阐述，在此不再赘述。

三、民主

通常情况下，各级员工主要由其直接上级进行考核，但也要防止直接上级"一言堂"，绩效考核的过程必须民主，员工本人、直接上级、隔级上级、HR等多方共同参与。员工本人通过自评参与对自己的考核，直接上级负责对员工的绩效进行考核评分，隔级上级负责对直接上级的考核评分进行审核，HR部门通过组织绩效校准会对直接上级的考核评分进行监督与校准。绩效考核结束，要给予被考核员工解释和申诉的机会。

四、公开

绩效考核的时间、内容、标准、方法、过程等应面向全员公开，个人的考核结果一定要反馈给员工本人，各级人员的考核结果可以在一定范围内公开。

实践中,很多企业绩效考核的过程是公开的,但考核结果却严格保密。笔者曾经受邀为一家科技企业做绩效诊断,该企业已经开展了10年的绩效考核,但是我们在员工访谈时惊讶地发现,部门负责人及以下员工根本不知道自己历年的年度考核结果。当我们就此问题询问该企业的人力资源部门时,得到的答复是"公司规定绩效考核结果保密"。但与此同时,公司的年度绩效奖金却会按照考核结果进行发放。由于考核结果不公开,员工不知道自己的考核结果,自然也不清楚自己的年度奖金与考核结果的关系,如此发放绩效奖金,几乎完全失去了奖金本身应有的激励性。所以,从企业经营管理的角度看,这份奖金"发"还不如"不发"。

第二节 绩效考核的内容

关于绩效考核的内容,从大的方面来讲,主要包括3个方面:工作业绩、工作能力和工作态度。随着这3个方面的进一步演化,目前,各级组织绩效考核的内容通常分为两个方面,见图6.2。

图6.2 绩效考核的内容

一、工作业绩

工作业绩考核是指在一定的考核周期内,以员工所承担的绩效指标为基础,评估员工绩效指标的达成情况,进而衡量员工在工作中对组织的价值与贡献。通常情况下,工作业绩是绩效考核的重点内容。

二、价值观

价值观考核是指在一定的考核周期内,以组织的核心价值观为基础,评估员工的工作行为与组织价值观的符合程度。价值观考核的核心要素依然是员工的工作能力与工作态度。当前,很多中国企业比较注重考核硬性的工作业绩,却相对忽视考核软性的价值观。究其原因,一是价值观相对定性,不易精准考核;二是企业领导者没有认识到价值观考核的重要价值与意义。我们认为,价值观考核不仅重要而且必要,问题的关键在于企业有没有精准考核员工价值观的能力。

虽然价值观考核是个难点,但也并非毫无办法。关于如何考核各级员工的价值观,我们提出如下建议。

(1) 在平时下功夫。直接上级平时要多关注员工的工作细节和细小行为,并及时表明自己的态度。

(2) 直接上级平时观察到员工的某一种行为时,一定要快速辨认该行为属于价值观考核中的哪一条,做好记录,必要时请员工确认。

(3) 在进行价值观评分时务必要说明具体事例,尤其是扣分的时候。

(4) 每一条价值观分值评出后,在团队成员之间要做一个比较,看评分是否合情合理。

(5) 价值观总分值评出后,团队成员之间也要做一个比较,看评分是否合情合理。

(6) 设想在向员工反馈时,能否清楚地解释每一条评分,若感到困难,可以找上级主管或HR探讨。

2019年6月,笔者在一家高科技企业开展绩效管理咨询项目,在与公司总经理交流的过程中,我们发现他非常重视对员工价值观的考核。他坚定地认为,如果一个员工的价值观考核优良,那么他(她)的工作业绩通常情况下一定会很好。这位总经理的观点非常具有代表性,再次印证了价值观是卓越绩效的底层动力。众所周知,通用电器、阿里巴巴等知名企业都非常重视价值观考核,在阿里巴巴,价值观考核的权重占比达到50%。当然,对于很多中国企业而言,我们不建议价值观考核的权重过高,因为毕竟很多企业的绩效管理水平还达不到通用电气、阿里巴巴那样。如果权重太高,一方面不免有些东施效颦、生搬硬套之嫌;另一方面极有可能让价值观考核成为"送分题",违背了价值观考核的初心。

第三节 考核结果的强制分布

一、什么是强制分布

所谓强制分布,又称为"强制正态分布",它遵循正态分布"中间大、两头小"的分布规律。绩效考核结果强制分布的基本假设前提:在一个组织中,人的绩效是存在差异的。基于这个假设前提,首先,设定评价等级和各等级的人员占比。其次,根据绩效的相对优劣程度，将不同的人放入不同的等级。最后，根据评价等级进行奖惩。强制分布见图6.3。

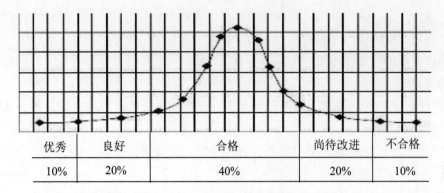

图6.3　强制分布示意图

说起强制分布，就不能不提及一家企业和一位领导者，这家企业就是通用电气(GE)，这位领导者则是GE前首席执行官杰克·韦尔奇。GE的绩效管理卓有成效且声名在外，在GE的绩效管理体系中，最为外界所熟悉的就是其严格执行的强制分布。GE运用著名的"活力曲线"，把员工绩效分成3个等级："Top"，占比20%；"The Vital"，占比70%；"Bottom"，占比10%，就是通常所说的271。杰克·韦尔奇"活力曲线"见图6.4。

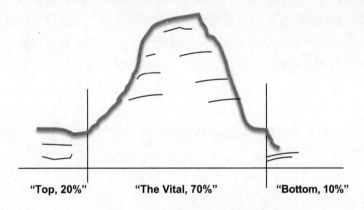

图6.4　杰克·韦尔奇"活力曲线"

关于强制分布，杰克·韦尔奇认为，做出这样的判断并不容易，而且并不是准确无误的。是的，你可能会错失几个明星或者出现几次大的失误，但是你造就一支全明星团队的可能性却会大大提高。

二、要不要使用强制分布

从理论上讲，在一个组织内部，员工的绩效表现基本呈正态分布。但是在实际的绩效考核操作中，由于受各种绩效偏差及人为主观因素的影响，这种自然而然的正态分布几乎是不可能的。那么，我们究竟有没有必要通过对考核结果进行强制分布，从而在整体上确保考核结果的相对公平与精准呢？在回答这个问题之前，首先为大家总结一下强制分布的优缺点。

(一) 强制分布的优点

(1) 有利于传递压力、形成竞争，推动员工努力工作，创造优良绩效。
(2) 有利于净化团队，加速建设一支高素质的员工队伍。
(3) 有利于推动管理人员关注和记录员工的日常绩效表现，避免"老好人"，从而提高考核评分的精准度。
(4) 有效避免过宽、过严、趋中、轮流坐庄等常见的考核误差。
(5) 有助于为评价"不胜任工作"的员工提供强有力的证据。

(二) 强制分布的缺点

(1) 如果员工实际的考核结果不遵从所设定的强制分布比例，那么为分布而分布既违背了客观事实又打击了员工的积极性。
(2) 按照部门进行强制分布的方式，可能会导致部门间的不公平现象。例如A部门考核结果优秀的员工在B部门可能只是合格的员工；反之，B部门考核结果不合格的员工在A部门可能就是合格的员工。
(3) 在人数很少的部门(比如1～2人)，很难进行常规的强制分布。
(4) 如果使用不当，可能影响团队成员之间的合作。

(三) 我们的观点

要不要使用强制分布，这个问题不能一概而论，这取决于强制分布能否与该组织的实际情况相适应，取决于该组织能够从强制分布的"利"中获得多大的收益以及对强制分布的"弊"有多大的容忍度。

就企业界的实践来看，除了GE之外，微软、埃森哲等很多世界500强公司也曾经或正在使用强制分布，很多著名的中国公司像阿里巴巴、腾讯、华为等也都执行考核结果的强制分布。但是，对于强制分布的质疑之声也从未停止。2015年，随着企业内外部环境的变化，GE放弃了使用30年的强制分布，这是不是说明强制分布不好呢？

我们认为，虽然GE放弃了强制分布，但是GE已经形成完备的绩效管理的制度、机制、流程，尤其是建立了公平、透明、注重成长的绩效文化，可以说，GE的绩效管理已经进入更高的发展阶段，所以不能因为GE放弃了强制分布就说明强制分布过时了。事实上，以我们对中国企业绩效管理实践的观察来看，大多数中国企业，尤其是中小微企业，整体绩效管理水平依然处在初级阶段，突出表现在绩效管理的理念落后、能力欠缺，绩效文化更是无从谈起。所以，对于多数中国企业而言，我们依然认为有必要利用强制分布来规范绩效管理工作，强制分布对于这些企业而言依然是建立一个卓越组织的全部秘密。

三、如何使用强制分布

我们认为,在任何一个具体、特定的企业实施考核结果的强制分布,一方面必须要适应、契合该企业的现实情况;另一方面要坚持与时俱进,根据特定企业的客观环境对强制分布进行创新与发展。下面,我们结合3家企业的案例,讲解如何在真实的企业环境中使用强制分布。

(一)"滚雪球"式强制分布

A公司是一家老牌国有企业,之前没有任何绩效考核的经验,首次推行绩效管理体系。公司分配机制的决定要素是沿袭之前机关事业单位的"行政级别",只要级别一样,干多干少、干好干坏差别不大。整体而言,公司员工的工作相对轻松,组织氛围也比较和谐,但部分员工"平均主义大锅饭"的思想根深蒂固,"搭便车"现象普遍存在。基于这样的企业背景,该公司设计强制分布的操作方式如下所述。

1. 奖勤不罚懒

A公司只进行优秀与良好等级的强制分布,对于合格、尚待改进、不合格3个等级不做强制分布,这一点是基于该企业的实际情况对"标准版"强制分布进行的创新与发展。

2. 分层分布

(1) 公司的高级管理人员由上级单位考核,所以,高级管理人员不参与强制分布。

(2) 将所有的部门负责人放在一起进行强制分布。

(3) 部门负责人以下的员工,理论上可以按部门进行强制分布,但是考虑到一些部门,尤其是后线职能部门的人数较少,不易进行常规的强制分布。为此,该公司采用"滚雪球"的方式,把工作性质与内容相近的部门放在一起进行强制分布,具体情况见表6.1。

表6.1 A公司强制分布组合与比例

序号	强制分布组合	部门属性	优秀比例	良好比例
1	部门负责人		10%以内	20%以内
2	A部门、B部门、C部门	业务	10%以内	20%以内
3	D部门、E部门、F部门	业务	10%以内	20%以内
4	G室门、H部门	职能	5%以内	15%以内
5	I部门、J部门、K部门、L部门	职能	5%以内	15%以内

3. 比例差异

表6.1显示,一线业务部门优秀与良好的比例高于后线职能部门的比例,体现了向一线倾斜的设计思想。

4. 优秀与良好的产生

(1) 被考核人的考核分值要达到优秀或良好的标准，考核分值与考核等级的对应关系见表6.2。

表6.2 考核分值与考核等级一览表

考核分值	90分(不含)以上	80(不含)~90分	70(不含)~80分	60(不含)~70分	60分(含)以下
考核等级	优秀	良好	合格	尚待改进	不合格
人员比例	10%以内	20%以内	不限	不限	不限

(2) 如果被考核人的考核分值达到优秀或良好，并且所属的强制分布组合群体中达到优秀或良好的人员比例不超过10%或20%，则所有分值达标的被考核人的考核等级均为优秀或良好。

(3) 如果被考核人的考核分值达到优秀或良好，但是所属的强制分布组合群体中达到优秀或良好的人员比例超过10%或20%，则分为以下几种情况。

① 部门负责人群体超过比例，由公司领导集体研究确定优秀或良好的人选。

② 部门负责人以下群体超过比例，由公司领导会同相关部门负责人研究确定优秀或良好的人选。

③ 考核分数达标但未被确定为优秀或良好的被考核人，其考核结果均视为"合格"。

(二) "按部门"强制分布

B公司是一家成立10年之久的民营企业，已经推行了3个年度的绩效考核，积累了一定的绩效管理经验。公司分配机制的决定要素是岗位、能力与业绩。整体而言，公司员工的观念相对较新，对绩效管理有一定的了解，也基本认同"业绩导向"的绩效文化。基于这样的企业背景，该公司设计的强制分布的操作方式如下所述。

1. 奖勤又罚懒

B公司不仅进行优秀与良好等级的强制分布，而且对合格、不合格两个等级也做强制比例分布，具体见表6.3。

表6.3 强制分布比例一览表

考核分值	110分(不含)以上	100(不含)~110分	80(不含)~100分	80分(含)以下
考核等级	优秀	良好	合格	不合格
人员比例	10%以内	25%以内	60%以内	5%以内

2. 按部门分布

(1) 公司董事长、总经理以下的高级管理人员和所有的部门负责人，根据其考核分值直接确定考核等级，不做强制分布。

(2) 部门负责人以下的员工，按部门进行强制分布。

3. 人数不足的分布

对于除部门负责人外，员工人数为1~2人的部门，按照强制分布，经过四舍五入仍然不足1人的，如果被考核人的考核分值在合格或不合格的区间范围内，则其考核等级为合格或不合格；如果被考核人的考核分值达到优秀或良好，且有事实与数据证明该员工的绩效表现确实优秀或良好，可由部门推荐，呈报公司战略绩效管理委员会研究确定。

4. 部门绩效与比例挂钩

通过将部门的考核等级与强制分布的比例挂钩，增加强制分布的柔韧度，具体见表6.4。

表6.4 部门考核等级与强制分布比例

序号	部门考核等级	优秀比例	良好比例	合格比例	不合格比例
1	优秀	15%以内	30%以内	55%以内	0
2	良好	10%以内	30%以内	55%以内	5%以内
3	合格	10%以内	25%以内	60%以内	5%以内
4	不合格	5%以内	15%以内	60%以内	20%以内

（三）"全公司范围内"强制分布

C公司是一家国有控股企业，国有股份占比70%，民营股份占比30%，公司的核心业务是为客户提供大型电子设备的安装服务，专业技术人员在全体员工中占比超过80%。C公司虽然也是首次推行绩效管理体系，但由于公司之前设计的年终奖金分配机制侧重于业绩与贡献，公司绝大多数员工对于绩效考核以及据此进行奖惩的理念基本能够接受。基于这样的企业背景，该公司设计的强制分布的操作方式如下所述。

1. 奖勤不罚懒

C公司只进行优秀与良好等级的强制分布，对于合格、尚待改进、不合格3个等级不做强制分布，具体见表6.5。

表6.5 强制分布比例一览表

考核分值	90分(不含)以上	80(不含)~90分	70(不含)~80分	60(不含)~70分	60分(含)以下
考核等级	优秀	良好	合格	尚待改进	不合格
人员比例	10%以内	20%以内	不限	不限	不限

2. 高级管理人员

公司的高级管理人员由上级单位考核，不参与强制分布。

3. 部门负责人

对于部门负责人，根据其考核分值直接确定考核等级，不做强制分布。

4. 其他员工

部门负责人以下员工在全公司范围内进行优秀与良好的强制分布，具体操作步骤如下所述。

(1) 被考核人的考核分值需达到优秀或良好。

(2) 部门负责人推荐，将部门优秀与良好员工候选人上报至公司人力资源部。

(3) 人力资源部对优秀与良好员工的候选人进行初审，然后上报公司领导复审。

(4) 人力资源部组织优秀与良好员工评审会，评委由公司领导与各部门代表组成，以下为具体的评审流程。

① 评审会首先进行优秀等级的评审，然后进行良好等级的评审，未被确定为优秀等级的员工，仍可以参加良好等级的评审。

② 部门负责人依次用数据与事实向会议介绍所推荐的候选人，并说明推荐原因。

③ 如果优秀或良好候选人的数量没有超过该等级强制分布的比例，由与会评委进行无记名投票，得票数达到与会评委数量50%及以上的候选人，成为优秀或良好等级的人选。

④ 如果优秀或良好候选人的数量超过该等级强制分布的比例，由与会评委进行无记名投票，在得票数达到与会评委数量50%及以上的候选人中，按票数高低确定优秀或良好等级的人选。

(四) 3家公司案例带来的启示

3家公司的案例给我们带来的启示是，任何一个管理工具，包括强制分布，没有绝对的好或不好，它们都有其适用的情境，并需要使用者根据情境的变化有所创新与发展，只有这样才能行得通、走得远。

四、实践操作

至此，关于考核结果的强制分布就全部讲解完了。下面进入实践操作环节，请大家根据本节的讲解，分析一下自己所选择的公司或业务单位是否适合采用强制分布，如果适合，请分析如何进行强制分布。

第四节 精准绩效考核

战略绩效管理系统是一个以因果关系为纽带，环环相扣的闭环系统，系统中的每个部分都有其不同的使命与任务，任何一个部分出了问题，都可能让整个系统脱轨，正所谓"一步错，步步错"。而绩效考核部分最关键的使命是通过科学、有效的方法，精准评估组织中各级员工真实的工作业绩、工作能力与工作态度，从而为后续的考核结果应用奠定坚实的基础。但在这个过程中，如何进行精准考核是一个难题。我们认为，精准绩效考核首先要有严谨的流程，其次要把流程中的每一个步骤扎扎实实地做好。绩效考核流程见图6.5。

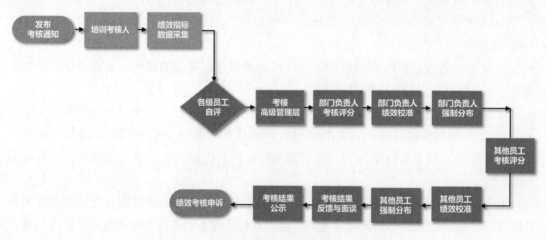

图6.5　绩效考核流程

一、发布考核通知

说起考核通知，或许你会认为写通知是一项简单的工作，然而事实上，很多企业人员都写不好考核通知，导致通知下发以后，人力资源部接到大量的咨询电话，甚至有的部门在执行中出现偏差。所以，不要小看考核通知的重要性，更不要想当然地认为谁都能写好考核通知。要想写好绩效考核通知，应做到以下4点。

（一）结构完整

考核通知由标题、正文和落款3部分构成，缺一不可。

（二）内容完整

考核通知的内容要完整、翔实，需要员工提前知道的考核事项都要在通知中体现出来。通常情况下，考核通知的内容包括但不限于以下8个部分。

(1) 考核目的。
(2) 开始与完成时间。
(3) 考核内容。
(4) 考核主体。
(5) 考核流程。
(6) 其他特别要求。

(7) 考核工作的组织机构、负责人、联系人、联系方式。
(8) 署名与日期。

(三) 表达清晰

考核通知在表达上要清晰、准确，不要有歧义。比如有家企业的年度考核通知中有这样一句话："请各部门务必于2022年1月15日前去人力资源部领取年度绩效考核表。"对于这句话，既可以理解成在2022年1月15日前，比如13日、14日，去人力资源部领取绩效考核表就行，也可以理解成只能在2022年1月15日这一天，才能去人力资源部领取年度绩效考核表。这种表达上的歧义可能会造成执行上的大偏差。

(四) 提前发布

建议企业提前1~2周发布考核通知。绩效考核是一项事务繁多且让人焦虑的工作，很少有人特别喜欢考核或被考核。提前发布考核通知，一是让各级管理者与员工为即将到来的绩效考核做好时间上的准备；二是让大家做好心理上的准备，这一点尤其重要。

二、培训考核人

发布考核通知后，组织应面向各级管理者(尤其是没有参加过考核培训的新晋主管)开展考核培训。培训内容包括但不限于绩效考核的基础知识、考核内容、考核流程、考核纪律等。如果从精准绩效考核的角度出发，我们认为最重要的培训内容是绩效考核中的常见误差及纠正措施，见表6.6。

表6.6 绩效考核常见误差及纠正措施

序号	常见误差	误差解析	纠正措施
1	晕轮效应	以偏概全。用通俗的话来说就是"一白遮百丑"。如果一个员工的工作业绩好，就想当然认为他或她的价值观也好，反之亦然	① 每次只就一个考核维度对所有被考核者进行考核，从而让考核者去考虑特定的内容而不是对被考核者的总体印象； ② 以绩效指标达成情况和价值观的实际表现为依据，用数据与事实说话
2	近因效应	以近期的绩效表现代表整个考核周期的表现。比如考核周期是1年，却以某个员工12月份的绩效表现为基础，去评价其全年的绩效表现	做好考核周期内全过程的数据收集、记录
3	感情效应	考核结果不自觉地受个人喜好的影响。人都有喜好，体现在考核上，尤其是在非量化部分，考核人对于喜欢的员工可能评高分，对于不喜欢的员工可能评低分	① 以绩效指标达成情况和价值观的实际表现为依据，用数据与事实说话； ② 帮助和提醒考核人自我觉察，努力避免在考核中掺杂个人好恶； ③ 建立对考核评分的监督审核程序

(续表)

序号	常见误差	误差解析	纠正措施
4	暗示效应	考核人在评分的时候,可能会受其上级或权威人士对被考核人看法的影响	① 以绩效指标达成情况和价值观的实际表现为依据,用数据与事实说话; ② 向领导或权威进行专项沟通,汇报客观、公正、专业的考核评分,表达对他们的尊重
5	过宽/过严/趋中	考核人对被考核人的评分太高或太低或趋于中间,拉不开差距。实践中最常见的是过宽,最不常见的是过严	① 以绩效指标达成情况和价值观的实际表现为依据,用数据与事实说话; ② 建立对考核评分的监督审核程序,必要时进行强制分布
6	倒推倾向	先为某人确定一个考核等级,然后倒推出各项绩效指标与价值观考核的得分	① 制度上严格禁止; ② 以绩效指标达成情况和价值观的实际表现为依据,用数据与事实说话; ③ 建立对考核评分的监督审核程序

三、绩效指标数据采集

培训完各级考核人后,就要进行各层级绩效指标与价值观考核指标的数据采集工作。在数据采集时,建议分为部门负责人及以上的管理者和部门负责人以下的员工两个层级进行。

(一) 部门负责人及以上的管理者

部门负责人及以上的管理者的绩效指标数据由绩效考核的组织者负责采集,如人力资源部或绩效考核工作小组(以下简称"考核小组"),采集程序如下所述。

(1) 考核小组成员就提供哪些数据、数据的要求、提供时间等问题,提前与各数据提供方进行沟通,并协调处理他们可能存在的困难。数据提供方包括但不限于财务部门、业务部门、被考核人本人等。

(2) 考核小组编制数据采集表,具体见表6.7,并发送至各数据提供方。

表6.7 数据采集表

被考核人		部门		岗位	
序号	关键业绩指标(KPI)	目标值	实际完成值	数据提供人	采集日期
1					
2					
3					
序号	重点工作	实际完成情况说明		数据提供人	采集日期
4					
5					
序号	价值观	评分依据的事例		数据提供人	采集日期
6					

(3) 考核小组对数据提供方提供的数据进行初审，并编制数据采集分析报告。

(4) 考核小组组织召开数据预审会，参加会议的有高级管理者、主要的数据提供部门人员和考核小组成员。会议上，首先由考核小组负责人汇报数据采集分析报告，然后由高级管理层集体审核数据的准确性与完整性，数据提供部门负责回答高级管理者的问询。对于审核中发现的有问的数据，由考核小组会同数据提供方限期核实。

(5) 考核小组将采集完成的数据，分门别类填列进相关表格，然后发送给部门负责人及以上的管理者，供他们考核评分使用。

(二) 部门负责人以下的员工

部门负责人以下员工的指标数据由其直接上级负责采集，采集程序如下所述。

(1) 直接上级根据所考核员工的绩效指标与价值观考核指标，首先与部门负责人进行沟通，获取与自己所考核员工相关的且已经采集完成的基础数据。

(2) 直接上级整理在日常工作中和绩效过程管控中记录的与所考核员工相关的指标数据。

(3) 直接上级将采集的数据提交部门负责人审核。

(4) 部门负责人审核数据的准确性与完整性。对于审核中发现的有疑义的数据，由部门负责人会同数据提供方限期核实。

(5) 直接上级将经部门审核通过的数据，分门别类填列进相关表格，供自己考核员工时使用。

四、各级员工自评

数据采集完成后，由考核小组组织各级员工对自己的绩效指标达成情况和在价值观方面的行为表现进行自我评分。在绩效考核实践中，有的企业有自评，而有的企业则没有自评。我们认为，员工自评是绩效考核非常重要的组成部分，原因包括以下几方面。

(1) 通过自评让广大员工参与到绩效考核中来，让绩效考核变成全员的事情。同时给予员工表达意见的机会，体现企业对员工的尊重。

(2) 自评有利于推动员工对自己整个考核周期的工作业绩、工作行为进行反思与总结，从而为后续的绩效反馈与面谈奠定基础。

(3) 自评有助于直接上级提前了解被考核人对自己绩效表现的认知与期望，如果直接上级发现双方的认知有较大的差距，可以在正式评估前与被考核人就相关问题进行沟通，从而大大降低考核争议与申诉发生的概率，非常有利于绩效考核工作的平稳推进。

工作业绩的自评体现在个人的绩效合同中，具体示例见表6.8；价值观的自评体现在价值考核评分表中，具体示例见表6.9。员工自评结束后，将自评结果提交给直接上级。

表6.8 绩效合同

考核人		部门		岗位		考核周期	
被考核人		部门		岗位			
序号	关键业绩指标	目标值	计算方式	评分方法	数据来源	权重	自评评分	上级评分
1								
2								
3								
序号	重点工作	评分方法		数据来源	权重	自评评分	上级评分
4							
5							
合计评价得分=∑(评分×权重)								
考核人签字				日期		年 月 日	
被考核人签字				日期		年 月 日	

表6.9 价值观考核评分表

考核内容	评价标准	对应分值	自评分	上级评分
		0~1		
		2		
		3		
		4		
		0~1		
		2		
		3		
		4		
		0~1		
		2		
		3		
		4		
		0~1		
		2		
		3		
		4		

五、考核高级管理层

员工自评完成后，就要进入绩效考核的深水区——对各层级员工的考核评分。为提高绩效考核的整体精准度，我们建议按时间的先后顺序分层级考核，而不是同时对各层级员工进行考核。基于实际操作中的经验，我们认为分层级考核有以下优点：一是有利于客观、准确地评分。各层级员工的绩效指标是层层分解的，对于相同或类似的指标，如果一位管理者知道了上级给自己的评分，有利于该管理者更加客观、准确地给下级评分。二是有利于纠正评分过宽的考核误差。如果一位管理者的上级给他(她)的某些指标评分不高，那么这位管理者在对其下属的这些指标进行评分时，通常情况下也不会评分太高。三是考核评分阶段的工作千头万绪，分层级评分有利于绩效考核的组织者有计划、有步骤地开展各项考核评分工作并及时获得成就感。首先进行高级管理层的考核评分。

(一) 董事长、总经理

作为企业的最高领导者，如果该企业有上级单位，通常由上级单位对董事长、总经理进行考核；如果没有上级单位，通常由董事会进行考核。对于既没有上级单位又没有董事会的企业，可以不对最高领导者进行考核。

(二) 其他高级管理人员

企业的其他高级管理人员由董事长、总经理分权重共同考核，具体权重划分根据企业的实际情况确定，实践中比较常见的是50%：50%或40%：60%。如果董事长、总经理是合二为一的，则由董事长或总经理单独考核。

高级管理人员的考核周期通常为年度，考核内容是工作业绩与价值观。通常情况下，我们建议高级管理人员的考核等级根据其考核分值直接确定，不再进行强制分布。如果有的企业除董事长、总经理外的高级管理人员的人数较多，比如10人及以上，则可以根据企业的实际情况决定是否使用强制分布。

六、部门负责人考核评分

部门负责人的考核评分通常有两种方式：一是由直接上级单一考核评分，二是由企业的高级管理层分权重集体考核评分，一般直接上级的权重最高。考核人根据绩效考核小组提供的数据采集表，同时结合被考核人的自评分，客观、公正地对部门负责人的工作业绩和价值观分别进行评分，然后根据工作业绩和价值观的权重，加权平均计算出被考核人的总得分。

七、部门负责人绩效校准

部门负责人考核评分完成后，绩效考核小组就要组织部门负责人召开考核评分校准会，即绩效校准会。绩效校准会对于很多中国公司来说可能还是一个新事物，但在很多跨国公司，像Google、GE、高盛等，应用已经比较普遍。所谓绩效校准会，顾名思义，就是对绩效考核评分进行校准的会议。

(一) 参会人员

企业全体高级管理人员与绩效考核小组成员。

(二) 会议主持

会议通常由董事长或总经理主持。

(三) 会议流程

(1) 部门负责人的直接上级用数据与事实向与会人员说明自己的评分结果和评分原因。

(2) 董事长、总经理及其他高级管理人员分别对该直接上级的考核评分提出自己的意见，是同意还是不同意并说明原因。如果超过三分之一的与会人员对某位部门负责人的评分有异议，则其直接上级需要对该部门负责人重新评分。

(四) 会后跟踪

对于需要重新评分的高级管理人员，考核小组成员必须一跟到底，使其在规定时间内按会议要求完成考核评分。

实践证明，绩效校准会在纠正考核误差、防止各级管理人员恶意与随意评分、提高绩效考核精准度方面具有非常重要的作用。

八、部门负责人强制分布

部门负责人的考核评分校准完成后，如果企业对部门负责人的考核结果采用强制分布，建议按如下方式进行操作。

(1) 首先根据每个考核等级对应的分值区间和部门负责人的考核得分，将每位部门负责人放入相对应的考核等级，比如优秀、良好、合格、尚待改进、不合格。

(2) 如果某个等级的人员占比超过强制分布规定的比例，比如优秀的比例为10%，但根据考核分值放入优秀的人员占比达到30%，则采用公司高级管理层集体研究的方式或者采用投票的方式确定该等级的人选。

如果企业对部门负责人的考核结果不采用强制分布，那么就根据每位部门负责人的考核分值直接确定其考核等级。

九、其他员工考核评分

部门负责人以下员工通常由其直接上级进行考核评分。直接上级根据所属员工的数据采集表，同时结合其自评分，客观、公正地对被考核人的工作业绩和价值观分别进行评分，然后根据工作业绩和价值观的权重，加权平均计算出被考核人的总得分。

十、其他员工绩效校准

其他员工考核评分完成后，绩效考核小组要组织其他员工的考核评分校准会。

(一) 参会人员

高级管理人员、部门负责人与绩效考核小组成员。

(二) 会议主持

会议通常由人力资源部负责人或绩效考核小组成员主持。

(三) 会议流程

(1) 绩效考核小组负责人就其他员工考核中存在的突出问题向会议做出说明。

(2) 部门负责人用数据与事实向与会人员说明所属部门员工的考核评分结果和评分原因。

(3) 与会人员对该部门负责人的考核评分提出自己的意见，是同意还是不同意并说明原因。如果超过三分之一的与会人员对某位员工的评分有异议，则该部门负责人需要对该员工重新评分。

(四) 会后跟踪

对于需要重新评分的部门负责人，考核小组成员必须一跟到底，使其在规定时间内按会议要求完成考核评分。

十一、其他员工强制分布

如果企业对部门负责人以下员工的考核结果采用强制分布，可参照本章第三节的强制分布的方式进行操作，这里不再赘述。

十二、考核结果反馈与面谈

各层级员工的考核评分、绩效校准、强制分布完成后，需要把考核结果反馈给员工本人并与之进行绩效面谈。关于考核结果反馈与面谈，我们将在本书第七章详细阐述。

十三、考核结果公示

考核结果要不要公示以及在多大范围内公示，不能一概而论，更不能搞一刀切，毕竟每个企业的情况千差万别，公示与否取决于企业的实际情况及企业对公示利弊的权衡。

我们的建议是，考核结果反馈完成后，对于考核等级为"优秀"和"良好"的员工，需要在整个企业范围内进行公示，接受企业员工的监督，公示期通常为3～5个工作日。对于考核等级为"尚待改进"和"不合格"的员工，在刚刚实施绩效考核的企业，暂不公示;在员工对绩效考核的接受程度较高且已形成一定绩效文化的企业,尽量选择公示。这样做有如下几个原因。

(1) 刚刚实施绩效考核的企业应确保"稳"字当头。在这类企业中,员工对绩效考核结果差异的接受程度还不高,还没有从"以前都一样,现在为何就不一样"的状态中走出来,更没有形成绩效文化。在这个阶段,对考核等级为"优秀"和"良好"的员工进行公示没有问题,但如果贸然对考核等级为"尚待改进"和"不合格"的员工进行公示,有可能会影响到整个绩效管理工作的顺利推进。

(2) 当一个企业形成一定的绩效文化时,公示考核结果则有以下3个优点。

① 有利于对各级考核人员构成一种外部监督,促使他们在考核评分时更加重视与认真,更加客观与公正,从而减少考核误差和暗箱操作。

② 会给被考核人带来一定的压力,传统的"面子文化"可以促使绩效不佳者努力迎头赶上,绩效优异者也不敢懈怠,有利于形成"比学赶帮超"的组织氛围,推动组织整体绩效的提升。

③ 有利于凸显企业绩效考核的"公平、公正、公开",有利于在组织内部形成积极、健康、向上的绩效文化。

十四、绩效考核申诉

员工在收到直接上级反馈的绩效考核结果后,如果不认可上级对自己的考核结果,应首先与自己的直接上级进行沟通,如不能达成一致意见,可以选择绩效申诉。

(一) 申诉时间

通常情况下,员工在正式收到考核结果后的3个工作日内,填写"绩效考核申诉表",提起申诉。绩效考核申诉表格式见表6.10。

表6.10 绩效考核申诉表

申诉人		部门		岗位	
申诉时间:					
申诉事项:					
申诉理由:					

(续表)

人力资源部处理意见：

签字：　　　　　　　　　日期：

绩效管理委员会处理意见：

签字：　　　　　　　　　日期：

(二) 向谁申诉

向企业的人力资源部负责人或绩效管理岗提起申诉。

(三) 申诉处理

1. 原因调查

人力资源部在接到考核申诉后的2个工作日内，了解事情的经过和原因，对申诉所涉及的事项进行调查认定，并将认定结果和申诉处理意见上报企业绩效管理委员会。

2. 会议评议

绩效管理委员会在收到人力资源部的认定结果和申诉处理意见后的3个工作日内，召开会议对员工的申诉事项进行研究，并给出最终处理意见。

3. 结果反馈

人力资源部在接到绩效管理委员会最终处理意见后的1个工作日内，将处理结果反馈给申诉双方当事人并监督落实。

在绩效管理实践中，绩效考核常常是最受关注、最容易出现矛盾与问题的部分。事实上，绩效考核不仅是科学也是艺术，在实际操作中，要想使过程平稳、结果精准且使各方相对满意实属不易。所以，我们在本章为大家重点解析了绩效考核流程的14个步骤，如果大家严格按此流程进行绩效考核，效果应该可期，这些步骤都是我们在绩效管理的咨询项目中实践过、验证过的。

本章结语

　　本章重点阐述并解决了以下4个问题：绩效考核应坚持的基本原则是什么，绩效考核的内容有哪些，如何进行考核结果的强制分布，如何精准考核各级员工的绩效。下面请大家思考一个问题，当考核评分、绩效校准、强制分布全部完成以后，是不是意味着绩效考核工作就万事大吉了呢？坦率地说，在一些把绩效考核当成分配绩效奖金工具的组织中，完成上述工作后，可能真的就此完结了。事实上，绩效考核工作远没有结束，因为还没有及时而妥善地对考核结果进行反馈，这将直接影响到整个考核工作的成效。然而，很多管理者面对绩效反馈时，常常不愿反馈、不会反馈、不敢反馈、不好意思反馈。那么如何进行有效的绩效反馈与面谈呢？欲知如何，请阅读本书第七章——绩效面谈与改进。

第七章
绩效面谈与改进

问题聚焦

本章聚焦于解决如下3个关键问题，建议您务必掌握：
- 为什么要进行绩效面谈？
- 如何进行有效的绩效面谈？
- 如何实施绩效改进？

开篇案例

一次面谈引发的风波

陆柯(化名)是一家大型国有金融控股公司的风控经理，因勤奋努力、积极上进、业绩突出，深得公司领导，尤其是公司总经理的赏识。2018年，上级单位对该公司的领导班子进行了调整，原总经理被调到其他单位任职，尹灿(化名)从外单位调入该公司，成为新任总经理。2019年，尹灿对公司进行了大刀阔斧的改革，并严格推行KPI考核。改革本来对公司发展是一件好事，但由于她的方法简单粗暴，操之过急，再加上其飞扬跋扈的性格和独断专行的工作作风，导致很多骨干员工相继离职。

为适应公司环境的巨大变化，陆柯一方面更加努力地工作，另一方面紧紧盯着直接上级风控部总经理给自己下达的KPI，并有计划、有步骤地逐个完成。部门领导对陆柯的工作似乎也是赞赏有加，经常给予他正面的工作反馈，却从来没有提出过陆柯需要改进的地方。随着时间的推移，陆柯看着自己绩效合同上的KPI一个接一个地达成，就暗下决心，年度考核一定要拿到优秀。功夫不负有心人，年底之前，陆柯的KPI全部达成并且得到了部门领导的确认，虽然年度考核还没有开始，但他认为自己应该是优秀了。2021年1月，陆柯期待已久的年度考核终于开始了。公司的年度考核程序非常简单，没有严格的数据采集，没有自评，也没有绩效校准，完全由部门负责人进行考核评分和强制分布，然后提交给人力资源部，由人力资源部统一呈报给公司领导确认。

一天上午，在毫无准备的情况下，陆柯被部门领导叫进了自己的办公室，进去之后他才知道领导找他是要做2020年度的绩效反馈与面谈。面谈开始后，部门领导的第一句话就是："陆柯，今年对不起你了。"陆柯一脸疑惑地问："怎么了，领导？"部门领导接着说："今年我给你的绩效考核等级是尚待改进。"陆柯瞬间愣住了，缓过神后，他强压着满腔的委屈与愤怒问部门领导是依据什么把他考核为尚待改进的。部门领导支支吾吾半天也没说出一个所以然。陆柯把自己的KPI完成情况、部门领导的确认以及部门领导平时对自己的肯定摆了出来，然后他问部门领导刚才自己说的是不是事实，部门领导被问得哑口无言。自知理亏的部门领导最后神神秘秘地告诉陆柯："我告诉你个秘密，也不知为什么，公司新来的总经理尹灿对你有些意见，直接要求我把你评为尚待改进，我也是没办法呀，你可千万别对外说呀。"接下来或许是不愿意再面对这种难堪的场面，部门领导匆匆说了句"我一会儿还有会，这事就这么定了吧"，然后起身离开了办公室，年度绩效面谈就这样草草了事。

走出部门领导的办公室后，陆柯越想越窝火。但冷静下来之后，他认为部门领导应该会主动再找他深入沟通一次，他也寄希望于通过再次沟通让事情有个转机。但是三天过去了，部门领导也没找他，就像没事了一样。第四天，陆柯平静地把自己年度KPI的达成情况按照评分标准计算考核分值，将考核分值以及自己实际的年度考核结果写成一封电子邮件，群发给公司全体人员，并且特别抄送给总经理尹灿。然后，他收集了自己KPI完成情况的各类证据，向公司人力资源部正式提起绩效申诉。陆柯的邮件在公司内部引起了不小的震动，很多老员工为他鸣不平。几天后，公司人力资源部负责人找陆柯谈话，明确告知他的年度绩效考核结果维持不变，并询问陆柯的意见。陆柯鄙夷地看了对方一眼，一言不发地走出会谈室。

几天后，陆柯向该国有金融控股公司的上级单位递交了申诉材料，同时向仲裁机构申请仲裁。上级单位的相关部门对陆柯在公司的过往表现也有一定的了解，对此事进行了干预。仲裁结果毫无悬念，陆柯赢了。压力之下，公司被迫对陆柯的考核结果进行了调整。不久后，陆柯选择了离职。虽然这场风波结束了，但是这个事件对外损害了公司在上级单位的良好形象，尤其是总经理尹灿的个人形象；对内破坏了绩效考核在员工心中的公信力，也造成了人才流失。

假如你是陆柯的部门领导或尹灿，你会如何与陆柯进行绩效面谈，从而化解这场本可以避免的风波？

第一节 为什么要绩效面谈

相比指标设定、考核评分和绩效激励，绩效面谈的重要性被很多组织长期忽视，甚至刻意避而不"谈"。下面给大家讲述一个笔者亲身经历的故事。

2021年5月，笔者和团队为一家公司实施绩效管理咨询项目。在项目进行到方案设计阶段时，为了让客户能够更加精细地理解方案并提出建设性意见，我们采用了稳扎稳打的策略，对于主体方案，每设计出一个相对完整的部分，我们就专门针对此部分广泛征求客户方的意见，客户对这种工作方式很认可，主体方案的前几个部分进展得非常顺利，客户并没有提出太多异议，即使对于我们认为可能会有争议的部分，客户还是尊重我们咨询团队的意见。当主体方案中的绩效反馈与面谈部分设计完成后，我们像往常一样组织了方案研讨会，征求客户对此部分的意见。会前，我们咨询团队初步判断此部分属于规定操作，就如同考试结束要告诉每个人考试成绩一样，很容易理解，应该和前几个部分一样，不会有太多争议，但结果完全出乎我们的意料。

会议开始后不久，两位核心业务部门的负责人先后发言，明确反对由他们将考核结果反馈给下属员工，更反对让员工在绩效面谈记录表上签字确认。他们的意见是各级主管完成对下属员工的考核后，就把结果直接提交给公司人力资源部，让人力资源部有个发放奖金的依据就可以了，这样可以避免因反馈引发的矛盾与问题。听完他们的发言，我们还以为这可能仅是少数人的意见，不代表大家的意见。然而，后面与会人员的发言基本呈一边倒的趋势，大家纷纷表示同意两位业务部门负责人的意见，反对进行绩效面谈。见此情景，原本倾向于绩效面谈的人力资源部经理也保持沉默，公司总经理看大家一致反对，一时也不好表态。面对这种局面，我们意识到是时候明确而坚定地表达咨询方的意见了。为此，我们提出两点意见：第一，绩效反馈与面谈非常重要，强烈建议保留。如果不反馈、不面谈，本次绩效管理项目可能收效甚微，公司为这个项目投入的人力、物力、财力也可能付诸东流；第二，如果与会的公司方人员认为没有必要进行绩效反馈与面谈，那么务必在本次会议纪要中写明各方的意见并由与会人员签字确认，以备未来查阅。

听完我们的发言后，该公司总经理当即表态，保留绩效反馈与面谈。2022年1月，在该企业组织的绩效管理项目评估会上，客户方明确表示，绩效管理体系在公司执行得非常好，之前对绩效反馈与面谈的认知有偏差。事实证明，绩效反馈与面谈不仅没有导致他们担心的问题，反而提升了员工工作的积极性、主动性，助力了员工个人的成长与发展。

作为咨询顾问，我们能够理解很多管理者因意愿与能力等原因不希望进行绩效反馈与面谈的想法，那么我们为什么还要坚持进行绩效反馈与面谈呢？具体原因见图7.1。

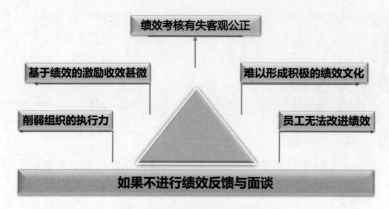

图7.1　绩效反馈与面谈的原因

依据我们的经验,如果一个组织不能及时而妥善地对考核结果进行反馈,不仅会直接影响绩效考核工作的成效,甚至会让整座"绩效管理大厦"溃于蚁穴,徒有其表,使命难达。绩效反馈最正式、最重要的形式就是绩效面谈。

第二节
绩效面谈"五字经"

很多管理者之所以避而不"谈",除了个人意愿外,还有一个非常重要的原因——能力不够,他们不知道如何与下属员工进行绩效面谈。下面请大家看一张"员工绩效面谈表",具体见图7.2。

员工绩效面谈表

姓名	宋大礼	部门	销售部	绩效等级	C
岗位	开票员		考核周期		4月
本月工作表现不足之处	1.工作勤勤恳恳,吃苦耐劳; 2.坚守工作岗位,从不违纪; 3.比上个月进步大; 4.还有多项优点不一一列举。				
本月工作表现不足之处	办公桌没擦干净				
原因分析	忘我工作,所以忘记了擦办公桌清洁。				
	改进措施	预期目标	完成时间	督促人	

图7.2　员工绩效面谈表

看到此表中填列的内容，不知道你会作何感想。虽然这张表的表现形式有些夸张，但其喜剧效果背后折射出来的问题却是严肃的、典型的和普遍存在的，让人心中五味杂陈。事实上，导致这些问题的原因，既有经验与能力方面，也有观念与文化方面。绩效面谈是一门技术活，更是一门艺术活，稍有不慎，满盘皆输，确实需要方法、经验与智慧。图7.3是我们专门针对"如何做好绩效面谈"这一问题，从大量的绩效面谈实践中总结提炼的绩效面谈"五字经"。

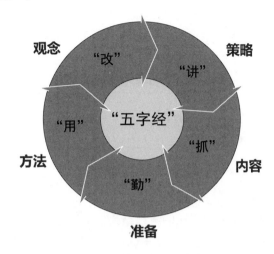

图7.3 绩效面谈"五字经"

一、讲策略

既然是"谈"，那就要讲究策略，并且这些策略要贯穿和指导整个绩效面谈。

(一) 充分准备、胸有成竹

为保证绩效面谈的高质量，应尽可能做好准备工作。通常情况下，绩效面谈无论是对直接上级还是对下属员工来说，都是一件容易令人紧张和焦虑的事情。曾经有一位公司总经理专门给笔者打电话，邀请笔者陪他一起进行绩效面谈。他非常坦诚地说："第一次做绩效面谈，没有经验，确实有些紧张。"一位组织的最高领导者尚且如此，相信其他人的情况也好不到哪里去。本来就紧张焦虑，如果准备又不充分，那失败的概率可想而知有多大。所以充分地准备，做到胸有成竹，是成功开展绩效面谈的基础。具体如何做准备，我们将在本节"勤准备"部分详细讲解。

(二) 立场坚定、勇担责任

领导向下属反馈考核结果时，可能会出现员工对考核结果不认可或者对某项指标扣分有异议的情况。他(她)会找出各种理由试图说明指标没有达成是因为个人无法控制的客观情况所致，进而提出不应该对该项指标扣分或者要求直接上级调整对他(她)的考核结果。

依据我们的经验，如果直接上级通过面谈前的充分准备，有确凿的事实与数据证明指标没有完成就是员工自身的问题，这个时候必须立场坚定、毫不动摇，即完成就是完成，没完成就是没完成，成绩就是成绩，问题就是问题，决不能左右摇摆。

在绩效面谈中，直接上级一定要履职担当、勇担责任，要明确告诉员工就是自己给他(她)评的分，完全代表自己的意见，与其他人无关。切忌不能在员工有所抗拒时转移责任，告诉员工自己本想给他(她)评个高分但上级领导没同意，就像本章开篇案例中的那位部门领导一样，拿上级当挡箭牌。事实上，管理者在绩效面谈时习惯推卸责任，是因为害怕与下属员工产生矛盾与冲突，想为自己开脱，做个老好人，但往往越想开脱越脱不了干系。一是员工不会领情，更不会因此而感谢这样的管理者；二是这些信息如果传到管理者的上级领导那里，上级领导以后恐怕不会再重用这样的管理者；三是此种行为会彰显管理者不够光明磊落。

(三) 适度放风、心理准备

这个策略尤其适用于绩效考核结果不佳的员工。提前放风让他们有了一定的心理准备，就不至于在绩效面谈时出现过激反应。

特别提醒：永远不要让员工对自己的考核结果，尤其是不好的考核结果，感到意外或吃惊。比如本章开篇案例中的主人公陆柯，让员工做好心里准备是减少绩效面谈矛盾与冲突的黄金法则。

(四) 公正坦率、爱字当先

公正坦率是指直接上级在与下属员工进行绩效面谈时，要以客观的数据与事实为依据，不能主观臆断、道听途说，要尽可能让人心服口服。在一些关键问题上，比如员工存在的不足和改进的建议等，要开诚布公地谈，不要绕弯子，更不能抱有"你好我好大家好"的心理。

爱字当先是指直接上级与员工进行绩效面谈时一定要带着一颗"爱心"。在现实的绩效面谈中，如果直接上级带着貌似强势但实则心虚的"心理"或者带着希望尽快结束和收场的"心理"与下属进行绩效面谈，面谈效果往往特别不好，引发冲突与争议的概率特别大。我们坚信并且也亲身印证过，当直接上级与下属，尤其是绩效不佳的下属进行绩效面谈时，如果能够带着发自内心的爱，带着更多的同理心去反馈绩效、指出不足、提供建议，将会产生更少的争议、达成更多的共识，取得意想不到的良好效果。

二、抓内容

绩效面谈是以员工绩效为中心的谈话，有其特定的内容，不能信马由缰。很多管理者绩效面谈的效果不好，原因之一就是他们不知道应该谈什么。通常而言，绩效面谈时要抓住以下5个方面的内容。

(一) 反馈考核结果

绩效面谈时,首先要把员工的绩效考核结果反馈给他(她),毕竟大部分员工最关心的还是自己当期的考核成绩,反馈内容包括以下几项。

(1) 员工绩效合同中每一项工作业绩指标的单项得分与工作业绩总得分。

(2) 员工价值观考核指标的单项得分与总得分。

(3) 员工工作业绩与价值观加权平均后的最终考核得分。

(4) 基于员工的考核分值和强制分布,员工最终的考核等级,比如优秀、良好、合格、尚待改进、不合格。

(二) 员工取得的成绩

本着"先扬后抑"的原则,真诚地对员工在考核周期内表现优异的地方或取得的成绩进行褒奖,肯定员工对企业的贡献与价值,也为后续的"抑"营造良好的氛围。

(三) 员工存在的不足

根据数据与事实,坦率地指出员工在考核周期内存在的不足。指出不足时要明确、具体,对事不对人,尤其是不能夹杂个人情绪。比如作为直接上级,可以指出员工连续3天迟到,但不要说他(她)自由散漫、纪律性差。

(四) 未来的改进措施

针对员工的不足,直接上级在面谈前的准备阶段就要对改进措施进行充分思考。在面谈中,一方面与员工共同探讨未来的改进措施,另一方面要在面谈中提出自己的建议以供员工参考。最后,双方还需要就改进措施达成共识。

(五) 下个考核周期的绩效指标

在绩效面谈中,直接上级还要和员工就其下一个考核周期的绩效指标进行初步沟通,说明设定这些绩效指标的原因以及能为员工提供的支持,并听取员工的意见与建议,从而为后续绩效指标的最终确定奠定基础。

三、勤准备

俗话说"不打无准备之仗",绩效面谈也如是。为了保证绩效面谈的高质量,无论是直接上级还是下属,都需要做充分的准备。

(一) 直接上级

直接上级在绩效面谈前应做的准备工作包括但不限于以下几项。

(1) 确定面谈的时间、地点、方式、角度等。时间要充裕,地点要安静,要与面谈的员工相匹配。
　　(2) 收集反映员工绩效指标完成情况的相关数据与记录。
　　(3) 收集可作为员工价值观考核依据的相关数据、事例与记录。
　　(4) 明确员工考核评分的扣分项及扣分原因。
　　(5) 明确员工在考核周期内表现优异的地方。
　　(6) 明确员工在考核周期内存在的不足。
　　(7) 提出员工下一步改进措施的建议。
　　(8) 制定员工下一个考核周期的绩效指标。
　　(9) 准备好笔、本子、表格、水、纸巾。
　　(10) 做好心理准备，克服紧张与焦虑情绪，保持平静、开放的心态，心怀对员工的尊重与爱心。
　　(11) 提前到达面谈地点，先入为"主"。

(二) 下属

　　员工在绩效面谈前应做的准备工作包括但不限于以下几项。
　　(1) 总结自己各项绩效指标的完成情况。
　　(2) 总结自己基于价值观考核指标的行为表现情况。
　　(3) 对照自己绩效指标与价值观考核指标的评分标准，收集相关数据与事例。
　　(4) 总结自己在考核周期内取得的成绩。
　　(5) 总结自己在考核周期内存在的不足。
　　(6) 思考自己在下一个考核周期的工作计划。
　　(7) 认真梳理自己希望能够和直接上级沟通的事项。
　　(8) 做好心理准备，克服紧张与焦虑情绪，保持平静、开放的心态，心怀对上级的尊重与理解。

四、用方法

　　定好策略、知道内容、做好准备，下面就要正式开谈了。我们说绩效面谈是一门技术活，更是一门艺术活，所以，如果仅仅按照既定的程序与内容规规矩矩地谈完，虽没什么不对，但效果不一定好。如果在绩效面谈中，能够根据面谈的对象与情境，恰当地使用一些方法、技巧，可以取得事半功倍的效果。

(一) 座位位置

　　按照传统礼仪，不同的座位位置释放出来的隐含信息是不同的。通常情况下，很多管理者在进行绩效面谈时，会自然而然地选择与下属面对面就座，但是这种座位位置安排比较公式化和生硬，还有可能让员工产生"今天的面谈来者不善"的猜测。我们建议在绩效面谈时，双方相邻而坐或并排而坐。绩效面谈的座位位置见图7.4。

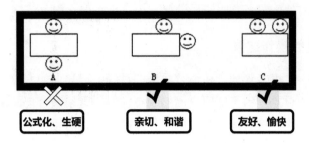

图7.4 绩效面谈的座位位置

(二) 开场

通常不要直奔主题,除非对方要求,而应先聊一些轻松、融洽的题外话,比如天气、家庭、孩子、热播剧或者关心、赞美员工的话语等,营造舒适、融洽的氛围,使被面谈者心情放松。

有一位女士去一家知名企业应聘,面试官是企业的人力资源副总裁。在面试正式开始前,这位女士问面试官:"×总,您的西装是××牌子的吧?"面试官原本想直接开始面试,听女士这样问,就随口回答说是的。紧接着女士又说:"我先生的西装也是这个牌子的,爱穿这个牌子西装的男性都非常有品位。"听完这句话,面试官不由自主地打量起眼前的这位应聘者。女士的话听起来是在赞美面试官,也是在赞美自己的先生,但更是在赞美她自己,因为一个有品位的男人背后一定站着一个卓尔不群的女人。通常情况下,人们在心理上都不会反感赞美自己的人,女士用她巧妙的开场白,一方面间接称颂了自己,另一方面为生分、紧张的面试环境增加了活跃的气氛,迅速拉近了彼此的心理距离。随后,这场面试在融洽、友好的氛围中开始了。

(三) 面谈流程

绩效面谈要按照相对固定的程序及时间顺序来完成,不要有缺漏项,尤其是签字确认。绩效面谈的流程见图7.5。

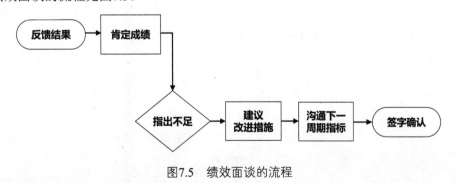

图7.5 绩效面谈的流程

(四) 少说多听

直接上级在绩效面谈中,要控制自己的表达欲,把讲话的机会尽可能让给员工,自己则沉下心来,做员工的倾听者,听听他们怎么说、内心怎么想。

(五) 具体问题的操作建议

根据我们的观察,很多管理者在绩效面谈的过程中不知道如何肯定成绩、指出不足,搞不清楚绩效面谈的重点。为了证明自己的观点,有些管理者会把面谈员工与其他员工做比较,一着急就说狠话。针对绩效面谈中的具体操作问题,我们提出了一些建议,具体见表7.1。

表7.1 绩效面谈操作建议

序号	问题	操作建议
1	肯定成绩	肯定员工的成绩时,尽可能对事更对人
2	指出不足	① 指出不足时对事不对人,并且只谈员工在绩效表现方面的不足,不要涉及其他不足; ② 指出不足时要有事实、有数据、有案例
3	面谈重点	不要与员工纠缠于已经成为过去的考核结果,而是要把绩效面谈的重点转向未来,着重探讨员工如何在未来做得更好,并给相关建议
4	杜绝"不如人"式沟通	在绩效面谈中,直接上级不要把员工与其他人进行比较,比如"同样的指标,张三完成了,而你没有完成",以此来证明自己指出的员工不足是正确的。如果这样做,不但意味着双方建设性沟通的终止,而且意味着破坏性沟通的开端
5	不下绝对性结论	过于绝对的结论,比如"你从来没有准时完成过工作",不但常常失之偏颇,而且会让员工认为上级带有主观情绪,从而更加抵触面谈

(六) 突破性绩效评估面谈

如果现在问大家"你更愿意和绩效优异的员工还是绩效不佳的员工进行绩效面谈",可能绝大多数人都会选择和绩效优异的员工进行绩效面谈。与绩效不佳的员工进行绩效面谈是一个很有挑战性的难题,就连Intel公司前总裁安迪•格鲁夫都曾深有感触地说:"作为经理人,你必须能够面对与绩效不佳的员工面谈的难堪场面,必须懂得什么是突破性绩效评估面谈。"下面,本书就给大家介绍一个专门用于应对绩效不佳员工的面谈方法——Intel公司的突破性绩效评估面谈。图7.6呈现了一个绩效不佳的员工面对考核结果的心理过程。

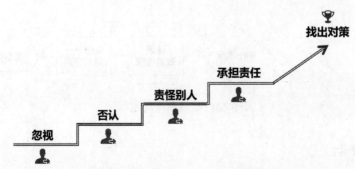

图7.6 绩效不佳员工面对考核结果的心理过程

如果管理者给一个下属员工打了一个不合格的分数,当管理者在绩效面谈中将结果反馈给员工时,员工首先会表现得很不在乎这个考评结果,故意视而不见。

当管理者提请员工正视这个结果时,他(她)会拒绝承认自己绩效不佳,认为这个不合格的结果是上级故意针对他(她)。

这个时候,管理者就要将事先准备好的事实与数据摆在员工面前。在事实面前,他(她)最终承认了自己绩效不佳,但是把责任归咎于别人,并竭力辩解自己已经很努力了,完全看不到自己问题,似乎他(她)的绩效不佳是别人栽赃陷害的结果。

不过到了这一步,绩效面谈已经有很大进步了,至少让员工从忽视、否认到最终承认自己绩效不佳,只不过他(她)不认为是自己的原因。接下来,管理者就要和员工谈,让他(她)主动承担责任,只要员工愿意承担责任,愿意改变,那么绩效面谈就成功一大半了。管理者可以问员工如下3个问题:除了他人的原因等客观因素外,在主观上还有没有原因呢?如果有主观原因,是哪些原因呢?你认为未来应该怎么做才能够提升自己的绩效呢?

最后一步,管理者和员工一起找出绩效改进的解决方案,帮助他(她)提升,从而达成绩效面谈最关键的目标。

(七) 管理对抗

在绩效面谈的过程中,有可能会遇到员工各种形式的对抗,甚至是比较严重的对抗。而且根据我们的观察,这种对抗不仅会来自绩效不佳的员工,也会来自合格及以上但是对自己的考核结果不满意的员工。如果管理不好绩效面谈中出现的对抗,不仅会导致绩效面谈的失败,还会给绩效管理工作带来消极、恶劣的影响,甚至会产生人身伤害。所以,管理者必须知道在绩效面谈中通常会遇到的对抗形式与应对方法,具体见表7.2。

表7.2 对抗形式与应对方法

序号	对抗形式	应对方法
1	不认可考核结果,如"产品部的需求反馈慢,我也没办法""张总让我先做他安排的工作"	① 认真倾听和考虑他们的观点,询问员工不同意的原因; ② 收集客观的数据与事实,诚恳地说出你的评估依据,并询问是否有误; ③ 不过多谈论员工的问题,重点是面向未来,共同探讨帮助员工提升未来绩效的解决方案; ④ 始终保持头脑冷静、情绪稳定、态度温和、立场坚定
2	发生争执,如骂脏话、威胁、动手动脚	① 始终保持头脑冷静,控制双方的情绪,防止事态进一步恶化; ② 向员工表明你不想争吵,因为这样做于事无补; ③ 向员工重申面谈的目的是解决问题,而不是纠缠于争执的事实; ④ 必要时,果断中止面谈,并建议员工以书面形式说明其对事实的看法,另外安排时间面谈

(续表)

序号	对抗形式	应对方法
3	归咎于上级，如"应收款没收回来是事实，但这批货是经你批准才发的"	① 不要还击，认真倾听员工所说的有多少是真实的，如果是合理的，上级要勇担责任； ② 如果员工所说的不合理，根据共同制定的绩效目标和评价标准，用客观的数据与事实来反驳； ③ 始终保持头脑冷静、情绪稳定、态度温和、立场坚定； ④ 面向未来，共同探讨帮助员工提升未来绩效的解决方案
4	以沉默表示对抗，如面无表情地看着别处或低着头，一言不发	① 提问开放式的问题使员工参与对话，尤其是向员工表达很想听听他/她的感受与想法； ② 与员工一起验证作为评估依据的事实与数据； ③ 鼓励员工一起开创未来而非陷于当前
5	开始哭泣，如默默地抽泣或嚎啕大哭	① 递上纸巾，倒杯水，让员工休息片刻； ② 不要急着说什么，沉默片刻； ③ 员工停止哭泣时，表达自己的关切与关心，询问员工是否愿意继续面谈

五、改观念

表面上看，绩效面谈失败是由直接上级与下属员工在面谈过程中没有"谈"好造成的，但更主要的原因是绩效面谈之外的工作没有做好，包括但不限于以下几个方面。

(1) 绩效指标设定得不合理。

(2) 没有绩效过程管控，没有及时记录并确认数据与事例。

(3) 绩效考核结果不精准，不能反映员工的真实绩效。

(4) 没有对管理者进行专业培训，导致管理者欠缺绩效面谈的技能。

(5) 绩效面谈前，双方没有做充分的准备。

(6) 绩效面谈后的支持与辅导工作不到位。

基于此，分析一场失败的绩效面谈，除了向"内"找原因外，主要还是应该向"外"找原因，正所谓"台上一分钟，台下十年功"。所以，做好绩效面谈必须去除旧观念，树立新观念，即决定绩效面谈成败的关键在面谈之外，而非在面谈之中。

六、实践操作

至此，关于绩效面谈的"五字经"就全部讲解完了。下面进入实践操作环节，请大家根据本节的讲解，把自己放在管理者的位置上，邀请一位直接下属或同事进行一次模拟绩效面谈。

第三节 实施绩效改进

绩效考核结束之后，企业根据绩效考核中发现的问题，在组织层面采取措施以提升和改进未来的组织绩效，是一件可以上升到战略层面的重要事宜。然而遗憾的是，在绩效管理实践中，很多企业要么因为没有意识到绩效改进的重要性而没有做，要么虽然知道绩效改进的重要性但不知道该怎么做，要么虽然在做绩效改进但浮于表面、流于形式。如果从企业业绩增长的角度看待绩效改进，别人没有做好的领域恰恰是自己的机会。

事实上，绩效改进没有想象中那么复杂。我们建议，对于刚刚推行绩效管理体系或者缺乏绩效改进经验的企业而言，不要四面出击，而应从大处着眼、小处着手，由易到难，采取三项易操作、易见效的举措。绩效改进的措施见图7.7。

03-编制考核分析报告

02-提升后进部门与员工

01-个人经验组织化

图7.7 绩效改进的措施

一、个人经验组织化

个人经验组织化本质上就是一种标杆管理，让大家学习最优秀的员工，具体做法包括以下几种。

(1) 本着少而精的原则，从绩效等级为"优秀"的员工中，挑选几名绩效表现最为突出的管理者与基层员工，作为优秀工作经验的分享者。

(2) 鉴于很多优秀的员工"干得好但未必能分享好"的现实状况，企业人力资源部应给予分享者一定的培训。必要时编撰工作经验分享模板，供分享者参考。

(3) 分享者认真准备分享报告并提交给人力资源部，由人力资源部统一呈报企业高级管理层审阅。

(4) 人力资源部组织召开面向全体员工的优秀工作经验分享会，请分享者逐一上台进行分享。

(5) 对分享者的工作经验做进一步的归纳、总结、提炼，使其成为组织的优秀经验，供各级员工学习，从而推动组织未来业绩的提升。

二、提升后进部门与员工

俄国大文学家列夫·托尔斯泰在其名著《安娜·卡列尼娜》的开篇语中写道:"幸福的家庭都是相似的,不幸的家庭各有各的不幸。"员工绩效也如是,绩效优异的员工都是相似的,绩效不佳的员工各有各的原因。提升后进部门与员工的具体做法包括如下几种。

(1) 在一个考核周期内,选择一个绩效不佳的部门和绩效排序最靠后的员工。

(2) 在组织层面与这个部门、员工共同探讨造成其绩效不佳的内因,比如知识、经验、技能、态度等。

(3) 一把钥匙开一扇门,根据不同的原因,为每个部门与员工分别制定有针对性的解决方案。

(4) 企业要给予绩效不佳的部门、员工必要的资源支持,并作为解决方案的组成部分。

(5) 开展对口帮扶,绩优部门一对一帮扶绩效不佳的部门,绩优员工一对一帮扶绩效不佳的员工。同时,企业要同步出台对口帮扶的激励措施。

特别提醒:对口帮扶要基于企业的实际情况,在条件允许的情况下采用。要充分尊重帮扶双方的意愿,不搞"拉郎配"。

根据我们在绩效管理咨询项目中的实证研究,通过提升后进部门与员工的绩效,能够显著提升组织的整体绩效。这就如同在一个班级里,始终持续、动态地帮助倒数第一名的学生提高学习成绩,就一定能够持续地提升这个班级的整体学习成绩。

三、编制考核分析报告

考核分析报告通常由人力资源部在每次绩效考核工作全部完成后的5个工作日内编制完成。报告的主体内容包括但不限于以下4个部分。

(1) 考核情况整体概览。

(2) 考核结果分布与分析。

(3) 考核存在的主要问题。

(4) 下一次考核的改进建议。

通过撰写考核分析报告,一方面,帮助绩效考核的组织者反思每次考核中存在的问题,包括组织者自身存在的问题,从而采取措施把未来的考核工作组织得更好;另一方面,考核分析报告要面向全员公布,从而让各级管理者都能够看到考核存在的问题与改进建议,他们也会借鉴和思考,久而久之,在日积月累中,在一次次的重复中,他们也能不知不觉地提升绩效管理能力,从而提升整个组织的绩效管理水平。

本章结语

本章重点阐述并解决了以下3个问题：为什么要进行绩效面谈，如何进行有效的绩效面谈，如何在组织层面实施绩效改进。通过绩效考核，组织将所属企业员工的考核结果分成若干等级，比如优秀、良好、合格、尚待改进、不合格，或者像Google那样分成需要改进、一贯符合预期、超出预期、超出预期很多、杰出等。那么对于一个员工而言，不同的考核结果对其有什么影响呢？答案是影响很大、很深远。不同的考核结果，意味着组织为员工匹配的资源不同，管理的举措有别，这就是绩效考核结果的应用。缺少了应用，绩效考核就会变成小朋友过家家，纯娱乐性质。所以，有考核就一定要伴随着正负激励，考核与激励可谓如影随形。那么究竟如何根据员工的考核结果对他们或论功行赏或实施惩罚呢？欲知如何，请阅读本书第八章——绩效激励。

第八章
绩效激励

▌问题聚焦

本章聚焦于解决如下3个关键问题，建议您务必掌握：
- 绩效激励应遵循哪些原则？
- 绩效激励通常有哪些方式？
- 如何基于绩效考核结果分配绩效奖金？

▌开篇案例

石水化工的年终奖金分配政策，进步还是倒退

石水化工(化名)是一家大型央企的地区分公司，主要负责石化产品的研发、生产和销售。2019年3月，为进一步提高经营业绩，改进工作作风，经公司党委会集体研究决定，总结前两年改革试点的经验，在公司全面推行年度绩效考核。公司人力资源部根据党委会决议，制定了《石水化工年度绩效考核实施方案》，并经职工代表大会表决通过。方案中最引人瞩目的就是将绩效考核结果与年终奖金挂钩。而在2019年之前，石水化工的年终奖金完全按照内部的行政级别分配，只要级别相同，不管工作上干多干少，奖金都差不多。

2020年2月，公司历时一个月时间，完成了各级员工2019年度的绩效考核工作，并按照《石水化工年度绩效考核实施方案》的相关规定，根据考核结果兑现了各级员工2019年度的年终奖金，从而彻底打破了原有年终奖金的分配模式。石水公司新的年终奖金分配模式使同一级别员工的年终奖金由于考核结果不同拉开了差距，而且出现了低级别优秀员工的奖金可以达到或超过高级别表现平平员工的奖金的情况。这种奖金分配模式在鼓励了优秀员工的同时，也造成了一部分人内心的极度不平衡。于是公司内部开始出现不同的声

音，还有人将告状信一封接一封地寄向石水化工的上级单位。庆幸的是，上级单位对石水化工领导班子勇于改革的精神还是比较认可与支持的，这次事件最后不了了之。但上级单位也同时提醒石水化工的领导层，考核结果的应用既要讲科学又要讲政治。

痛定思痛，公司党委会集体研究后决定：现行的绩效考核政策保持不变，但对考核结果应用于年终奖金分配的政策进行调整。转眼到了2021年2月，在完成了2020年度的绩效考核工作后，石水化工下发了《关于2020年度年终奖金分配政策的通知》，主要包括如下内容。

(1) 每个员工的年终奖金均由两部分构成，见图8.1。

图8.1　年终奖金构成

(2) 基础奖金总额占公司年终奖金总额的比例为60%，业绩奖金总额占比为40%。

(3) 基础奖金按照行政级别及对应的技术职称级别分配，级别相同则奖金相同；业绩奖金主要依据年度绩效考核结果进行分配。

(4) 个人业绩奖金执行封顶政策，即个人业绩奖金额最高不能超过本人基础奖金额的60%。

相比2019年的年终奖金分配政策，2020年度年终奖金的分配政策有了较大变化，主要体现在以下两点。

(1) 突出行政级别，大大削弱了考核结果与年终奖金的挂钩力度。

(2) 受新政策影响最大的是"少数优秀的基层员工"。由于中高层管理者在公司内部的行政级别比较高，他们的基础奖金额也比较高，再加上基础奖金额的占比高，所以业绩奖金的封顶线对中高层管理者基本没有影响。但是对于优秀的基层员工来说，一方面由于行政级别低，基础奖金额也低，另一方面因为他们表现优秀，他们的业绩奖金额通常会很高，很容易就超过本人基础奖金的60%，所以封顶线的限制造成了他们年终奖金总额的大幅降低。

石水化工2020年度的年终奖金分配政策虽然在公司内部也引起了一阵不大不小的波动，但很快就平息了，寄向上级单位的告状信也大幅减少，新政策通过牺牲一小部分人的利益保持了大局的稳定。

假如你是石水化工的最高领导者，在既保持方案本身的科学性又不影响企业稳定的前提下，你能否制定出更合理的基于考核结果的年终奖金分配方案？

第一节 绩效激励的原则

谈到激励,相信很多人并不陌生。本章提及的激励是基于绩效考核结果的激励,换句话说,就是绩效考核结果的应用。绩效激励的设计、实施必须遵循一定的原则,我们将之称为六度原则。绩效激励的六度原则见图8.2。

图8.2 绩效激励的六度原则

一、高度

绩效激励的站位要高,要以组织战略为指引,通过激励把员工的行为引导到实现组织的战略目标上来。

S公司是笔者的一个咨询客户,2020年S公司进行了战略调整,其年度战略重点不再是传统的收入与利润,而是大幅增加新签合同额。基于新的战略,我们帮助S公司制定并出台了《项目拓展提成暂行管理办法》,从正面激励的角度,对为新签合同做出贡献的员工进行奖励,这就属于有战略高度的激励。

二、信度

绩效激励要信守承诺。信用是激励的基础,这个道理很多人都明白,但能否做到又是另外一回事,特别是当激励的标的变得很大或造成的损失很严重的时候。

H公司是一家全国连锁的大型宠物医院,2019年10月,在外部咨询顾问的建议下,H公司决定在下属的数十家宠物医院组织开展"双十一"打折促销活动,活动日期为11月1日—15日,并制定和出台了针对本次"双十一"活动的奖励政策。政策规定,各家医院按其在"双十一"期间流水额的百分比计提奖金,且流水额越高计提比例越高。H公司的

"双十一"活动在全国宠物医疗行业开了先河,因为是第一次开展此项活动,谁都没有预料到会取得这么好的效果,各家医院在"双十一"活动的15天时间实现的总资金流水比平时的15天时间实现的总资金流水增长了好几倍,自然奖金也比公司之前预期的高了好多倍。在快要兑现奖励的时候,关于是否按照奖励政策进行奖励,在H公司内部出现了不同的意见。当然这些不同意见并非毫无道理,以至于奖金发放一拖再拖,很多不明就里的员工都在猜测公司是不是反悔了。在此期间,公司董事长特意征求了咨询顾问的意见,咨询顾问给出如下建议:第一,奖励给员工的金额越高,说明公司的获得越多,这是好事;第二,如果不按之前出台的政策奖励,失信的成本将远高于因奖励而付出的财务成本。最后,H公司董事长果断拍板,兑现了公司之前的奖励承诺。

三、准度

绩效激励的标准要明确且事先约定好,员工达成什么样的绩效标准,就得到与该标准对应的奖励。所以,如果一家企业在内部推行绩效管理,我们建议在设定绩效指标的阶段,就要同步考虑指标完成与否的奖惩措施。只要条件允许,尽可能在绩效指标设定完成后,随即出台绩效激励的相关规定,明确奖惩的标准,并作为《绩效合同》的附件,让绩效指标的承担者清清楚楚地知道做得好怎么样,做得不好又会怎么样。

四、角度

绩效激励要从多个角度同时进行,即综合应用多种激励方式。本章第二节将对不同的激励方式进行详细讲解,在此不再赘述。

五、力度

在企业自身条件允许的前提下,绩效激励要有一定的力度,跨越员工的感知底线。本书第七章第二节在讲解绩效面谈的策略时,曾强调不要让员工对绩效考核的结果感到意外。而绩效激励中的正向激励恰恰相反,就是要让员工始料未及,甚至让他们惊掉下巴,喜极而泣。

2016年,碧桂园6位业绩突出的区域总裁的年收入超过1亿元/人。坦率地说,很多人终其一生都挣不到1亿元,这个激励力度非同一般。

六、速度

实行绩效激励时一定要把握时机、及时激励。如果激励不讲究速度,动作太慢,同样的奖励,效果却会大打折扣,甚至收效甚微。

根据我们的观察,很多国有企业的年终奖金都发得特别迟。绩效考核虽然在当年年底或第二年年初做完,但是年终奖金可能在第二年的五六月份才发下来,这样的激励就完全谈不上及时了。员工也不再把年终奖金视为企业对自己工作绩效的奖励,而是将之视为必须发放的固定薪酬,发了,理所当然;不发,就不满意。

第二节 绩效激励的方式

在高度、信度、准度、角度、力度、速度六度原则的指导下,基于绩效考核结果的激励通常有5种方式,分别是绩效加/减薪、绩效奖金、股票期权、岗位调整和培训开发。绩效激励的5种方式见图8.3。

图8.3 绩效激励的5种方式

一、绩效加/减薪

绩效加/减薪,就是把员工基本薪酬的增减与其绩效考核结果挂钩。通常情况下,绩效加/减薪由两个要素决定:一是企业的整体业绩,二是员工个人的绩效考核结果。企业整体业绩目标完成情况的好坏,决定着员工是否加薪和加薪的总量;而员工个人的绩效考核结果决定了具体的加/减薪幅度。

假设某企业年度整体业绩目标达成,可以进行加薪,那么员工的基本薪酬如何与其绩效考核结果挂钩呢?

(1) 对企业员工的考核结果进行强制分布。这里的强制分布,可以是对优秀、良好、合格、尚待改进、不合格等级的强制分布,也可以是仅对优秀、良好两个等级的强制分布。我们认为,在中国企业中,把员工的基本薪酬与考核结果挂钩,强制分布是前提。因为如果不这样做,那么极有可能绝大数员工都会大幅加薪,很少有人减薪,绩效加/减薪就失去了其绩效激励的功能，沦为不合理涨薪的工具，所以在实际操作中，不能只是在绩效管理制度中简单地规定基本薪酬与考核结果的挂钩关系，否则企业极有可能陷入骑虎难下的局面。

(2) 根据企业计划加薪的总额和加薪的人数，计算出各个考核等级加薪和减薪的幅度。这个幅度既可以用百分比表示，如±15%；也可以用薪档表示，如晋升或下调一薪档。

基本薪酬与考核结果对应关系的示例见表8.1和表8.2。

表8.1 示例一

年度考核结果	优秀	良好	合格	尚待改进	不合格
加/减薪幅度	15%	10%	0%	-10%	-15%

表8.2 示例二

年度考核结果	优秀	良好	合格	尚待改进	不合格
加/减薪幅度	晋升一薪档	晋升0.5薪档	不变	下调0.5薪档	下调一薪档

二、绩效奖金

对于大多数企业而言，绩效奖金是绩效激励最普遍、最重要的方式。关于如何基于绩效考核结果分配绩效奖金，详见本章第三节。

三、股票期权

股票期权是指在未来的某一个时期，用事先约定的某一个价格(这个价格可以是零)，购买一定数量股票的权利。期权不是股权，而是一种拥有股权的权利。举个例子，李女士于2018年1月加盟了一家上市公司，她加盟公司的那一天，公司的股票价格是6元/股。公司授予她可以在未来的3年中，获得用6元/股这个价格购买公司10万股普通股的权利。请注意，公司给她的不是10万股股票，或者叫股权，而是以约定好的价格来购买股票的权利。

股票期权属于长期激励，有助于引导员工注重企业长期发展。股票期权与绩效考核结果挂钩的方式主要是根据员工考核结果的好坏决定是否授予股票期权以及授予的数量。比如，某上市公司基于绩效考核结果的股票期权操作方式如下所述。

(1) 授予人员：公司中高级管理人员、核心技术、业务人员。

(2) 年度绩效考核结果为合格(不含)以下的人员，取消本年度的股票期权。

(3) 授予数量=当年基准授予数量×公司年度绩效考核系数×个人年度绩效考核系数。

(4) 当年基准授予数量由公司董事会研究确定，公司考核系数根据董事会对经营管理层的年度考核结果确定，个人考核系数根据个人年度绩效考核结果确定。

股票期权通常适用于有股权激励的企业，但是根据我们的观察，很多国有与民营企业是没有股权激励的，所以股票期权这种绩效激励方式在使用范围上还是比较受限的。

四、岗位调整

绩效加/减薪、绩效奖金和股票期权这3种绩效激励的方式都与一个字直接相关——钱。而岗位调整与钱并不直接相关,却是最具震撼力的一种绩效激励方式。

(一) 岗位调整的类型

岗位调整通常有3种类型,见图8.4。

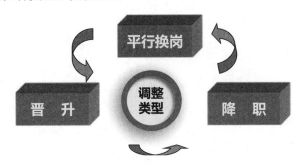

图8.4 岗位调整的类型

(二) 人才盘点

虽然岗位调整是考核结果应用的重要方式,但由于岗位调整是关系个人乃至企业前途命运的重大事宜,在实践中,有的企业并不是在考核结果出来后立即进行岗位调整,而是把考核结果作为重要依据,首先进行人才盘点,然后根据人才盘点的结果进行岗位调整。下面以GE公司为例,简要介绍一下GE是如何开展人才盘点的。

GE每年举行一次年度领导力和组织评估会(Session C),也就是外界所称的人才盘点会议。Session C是对GE整体的人力资源进行评估,其目的是识别人才和识别公司发展对人才的需求。在每年的4月或5月,GE的CEO以及人力资源高级副总裁都会在GE的各个业务单元主持Session C,针对该管理团队的业绩表现和高潜力人才进行长达一天的盘点。会议通常包括以下内容。

(1) 审议战略前景对人才的潜在影响。
(2) 回顾关键个体的绩效。
(3) 识别高潜力人才。
(4) 在组织范围内进行人才的交叉比较。
(5) 针对业绩排名前20%和后10%的员工制定战术。
(6) 规划高级职位的继任。
(7) 规划高潜力经理的发展步骤。

Session C 最终会生成一个九宫格矩阵,这一矩阵通过业绩和价值观两个维度将所有员工划分为9类。GE人才九宫格见图8.5。

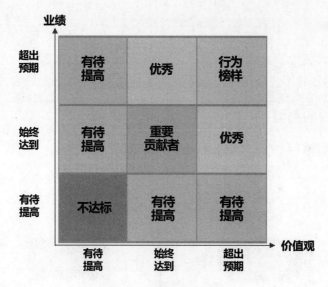

图8.5 GE人才九宫格

根据人才九宫格,哪些员工应该晋升,哪些员工应该降职,哪些员工应该平行换岗,可谓一目了然。

(三) 岗位调整咨询案例

F公司是笔者的一个咨询项目客户,该公司基于考核结果的岗位调整不同于GE。F公司不进行人才盘点,而是在公司的战略绩效管理制度中直接、明确地规定了部门负责人及以下员工的考核结果与岗位调整的对应关系,并据此进行岗位调整。F公司基于考核结果的岗位调整见图8.6。

基于考核结果的岗位调整

部门负责人	其他员工
-年度考核结果为"优秀"的部门负责人,列入公司高级管理人员后备梯队,出现高级管理岗位空缺时,优先晋升;	-年度考核结果为"优秀"的员工,列入公司后备人才梯队,出现更高级的岗位空缺时,优先晋升;
-年度考核结果为"不合格"的部门负责人,将给予免职处理;	-年度考核结果为"不合格"的员工,将给予降职或调岗或解除劳动合同的处理;
-年度考核结果为"尚待改进"的部门负责人,将给予岗位等级下降一级的处理;	-年度考核结果为"尚待改进"的员工,将给予岗位等级下降一级或调岗的处理
-连续两年年度考核结果为"不合格"或"尚待改进"的部门负责人,将给予解除劳动合同的处理	

图8.6 F公司基于考核结果的岗位调整

五、培训开发

培训开发作为一种绩效考核结果应用的方式,与其他4种方式不同的是,它既立足于当前,更着眼于未来,是组织未来绩效的"发动机与燃料供应商",非常重要。

GE的Session C会议上有一项内容是"针对绩效排名前20%和后10%的员工制定战术",培训开发在考核结果应用中的核心作用就集中体现在这一前一后的两端。培训开发的作用详见图8.7。

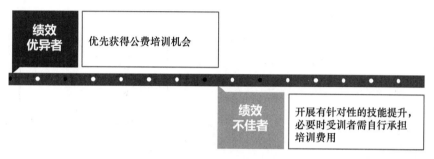

图8.7 培训开发的作用

(1) 给予绩效优异者更多、更好的高端及免费的培训机会,如前沿的技术培训,将其选送到知名商学院学习等,让优者更优。

(2) 根据导致员工绩效不佳的原因,给予绩效不佳者有针对性的培训,让后进者迎头赶上。但必要时,受训者需要承担相应的培训费用。

就现实情况而言,由于周期长、见效慢,培训开发在很多企业的绩效激励实践中并未受到足够的重视。虽然当今企业之间的竞争很激烈,但是如果换一个角度看,有时竞争的道路上并不拥挤,关键是要选对道路。比如在别人识别不到或不愿发力的重要领域,恰恰是我们的发力点。在这个领域坚持长期主义,持之以恒,就有可能建立区别于强大竞争对手的、不对称的核心竞争优势。

第三节 绩效奖金的分配

绩效奖金分配在任何组织都是一个高度敏感的问题,古语说:"不患寡患不均。"如何相对公平、合理、平稳地分配绩效奖金,并能够对员工产生积极、正向的激励效果,对于很多企业的老板和HR而言,都是一个管理难题。本节基于我们曾经实施的绩效管理咨询项目,从实际操作的角度,详细讲解4家不同的企业如何基于绩效考核结果分配绩效奖金。

一、A公司

A公司是一家拥有几十年历史的老牌国有企业,之前没有绩效考核,奖金基本上按照行政级别与技术职称级别进行分配,级别相同则奖金相同。员工基本薪酬的确定也无章可循。2019年,公司开始全面实施绩效管理,进而对之前的绩效奖金分配方式进行了彻底变革。

为设计新的绩效奖金分配方案,A公司要解决的第一个关键问题就是绩效奖金应该为"什么"而发。A公司认为,绩效奖金应该为"贡献"而发,它是企业对员工做出贡献的奖励。A公司要解决的第二个关键问题是一个员工的贡献取决于什么。A公司认为,员工贡献取决于员工的岗位胜任能力、绩效表现和工作时间,并据此确定了公司绩效奖金分配要素。A公司的绩效奖金分配要素见图8.8。

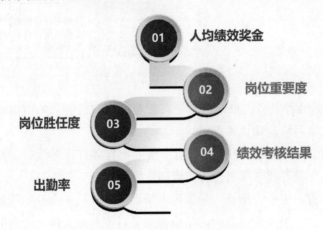

图8.8 A公司的绩效奖金分配要素

(一) 人均绩效奖金

人均绩效奖金=公司奖金总额/公司总人数,这是核算绩效奖金的基数。正常情况下,可以用员工的基本薪酬作为奖金基数,但由于A公司员工的基本薪酬既没有体现岗位价值也没有体现个人能力,不能选择将基本薪酬作为基数。

(二) 岗位重要度

A公司使用美世的国际职位评估系统(IPE)对公司所有岗位的价值进行了评估,并根据评估结果对岗位进行了分级,确定了各个岗位的岗位系数。

(三) 岗位胜任度

A公司从工作绩效、专业能力、专业经验、专业知识、工作独立性5个方面,对每个员工的岗位胜任度进行了评估,并根据每个员工评估分值确定其胜任度系数。

(四) 绩效考核结果

A公司通过组织绩效考核，确定每个员工的考核结果及相对应的绩效考核系数。

(五) 出勤率

(1) 出勤率=全年实际出勤天数/应出勤天数×100%，小数点后面保留两位小数。
(2) 带薪年休假视同为出勤，但其他假别在计算绩效奖金时均视为未出勤。

(六) A公司绩效奖金分配公式

个人绩效奖金的分配公式为

$$个人绩效奖金 = 人均绩效奖金额 \times 所属岗位系数 \times 个人胜任度系数 \times 个人绩效考核系数 \times 个人出勤率 \times 分配系数$$

备注：

(1) 分配系数=公司奖金总额/Σ(人均绩效奖金额×所属岗位系数×个人胜任度系数×个人绩效考核系数×个人出勤率)
(2) 所有人的分配系数均相同，主要作用是确保绩效奖金总额恰好分配完。

二、B公司

B公司是一家全球知名跨国公司的中国区子公司，下辖6家销售分公司，还是北京2022年冬奥会官方合作伙伴。B公司绩效奖金分配亟待解决的问题是，按公司净利润总额的一定比例提取的绩效奖金，如何在6家分公司之间进行分配。之前由于没有统一、明确的规则，每年的奖金分配结果令6家分公司都不满意。

2021年，B公司出台了新的绩效奖金总额分配方案，彻底解决了这个棘手问题。B公司的绩效奖金分配要素见图8.9。

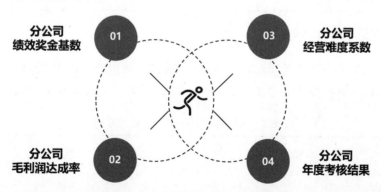

图8.9　B公司的绩效奖金分配要素

(一) 分公司绩效奖金基数

分公司绩效奖金基数取决于各家分公司的销售收入，计算公式为

$$绩效奖金基数=分公司年度重点推广产品的销售收入额×0.6\%+$$
$$年度非重点推广产品的销售收入额×0.25\%$$

(二) 分公司毛利润达成率

毛利率达成率的计算公式为

$$毛利润达成率=分公司年度实际毛利润总额/分公司年度计划毛利润总额×100\%$$

(三) 分公司经营难度系数

相对客观地衡量各分公司的经营难度是一项复杂且具有创新性的工作，为此，B公司开发了专门的评估工具，从而可以相对客观、量化地评估各家分公司的经营难度系数。B公司的经营难度系数评估见表8.3。

表8.3　B公司的经营难度系数评估

序号	评价维度	权重	评分标准	A分公司	B分公司	C分公司	D分公司	E分公司	F分公司
1	GDP总量	10%							
2	肢体残疾人口数量	10%							
3	市场成熟度	10%							
4	市场竞争程度	10%							
5	销售收入构成	30%							
6	人均预算达成率	30%							
总分=Σ(各维度得分×权重)									
经营难度系数(总分/10)									

(四) 分公司年度考核结果

各家分公司的年度考核结果根据中国区总部组织的年度绩效考核确定，并根据分公司年度考核结果确定其年度绩效考核系数。B公司的考核结果与绩效系数见表8.4。

表8.4　B公司的考核结果与绩效系数

年度考核结果	表现突出	部分超出期望	达到期望	需要改进	没有达到期望
绩效考核系数	1.5	1.2	1	0.6	0.3

(五) 各分公司绩效奖金总额分配公式

分公司年度绩效奖金总额分配公式为

$$分公司年度绩效奖金总额=分公司绩效奖金基数×分公司毛利润达成率×$$
$$分公司经营难度系数×分公司绩效考核系数×分配系数$$

备注：

分配系数=所有分公司的年度绩效奖金总额 /Σ(分公司绩效奖金基数×分公司毛利润达成率×分公司经营难度系数×分公司绩效系数)

三、C公司

C公司是一家民营高科技企业，该公司的绩效奖金分配方案主要由两个部分构成：一是如何确定公司年度绩效奖金总额；二是绩效奖金如何在员工中分配。

(一) 绩效奖金总额

C公司根据年度净利润额提取年度绩效奖金总额，分为两种情况，见图8.10。

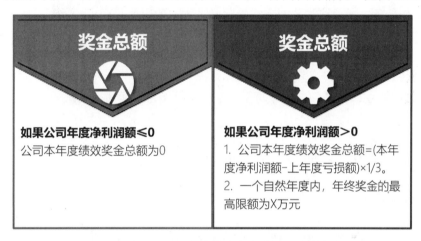

图8.10　C公司确定绩效奖金总额的方式

(二) 绩效奖金总额分配公式

个人年度绩效奖金的分配公式为

$$个人年度绩效奖金=个人基本薪酬×公司年度合同额完成率×个人绩效考核系数×年度在职率$$

1. 个人基本薪酬

根据分配公式可知，C公司绩效奖金分配的基数是员工个人的基本薪酬。这里笔者要特别说明的一点是，以基本薪酬作为奖金基数是比较常见且可行的做法，但前提是员工基本薪酬的确定要比较公平、合理，要能够体现员工所属岗位的价值和员工个人的价值，否则，如果以基本薪酬作为奖金基数，会带来有失公平的问题。举个例子，假设某个员工在一个价值相对较低的岗位上，能力普通，绩效表现也普通，但由于历史原因，他(她)的基本薪酬可能很高，这种情况在很多国有企业、民营企业中并不少见。如果还以基本薪酬作为奖金基数，该员工的绩效奖金可能比重要岗位上的绩优员工还要高或基本持平。如果这样做，就完全违背了发放绩效奖金的初衷。

2. 公司年度合同额完成率

公司年度合同额完成率的计算公式为

公司年度合同额完成率=公司已签订的合同金额/公司计划签订的合同金额×100%

把公司年度合同额完成率作为个人绩效奖金分配要素，这是把个人利益与公司利益进行捆绑，让员工不要只关注个人绩效的完成情况，还要关注公司整体绩效，从而培养员工的大局意识。这样做的出发点是非常好的，但是我们仍然建议要谨慎使用，原因有以下几点。

(1) 类似于年度合同额完成率这样的绩效奖金分配要素，绝大部分员工是无法控制的。

(2) 在实际操作中，很少有员工为了自己能够多拿奖金而去积极帮助公司完成自己控制不了的工作任务，所以这种分配方式能起到多大的效用值得商榷。

(3) 如果使用不当，这种捆绑方式最可能损害到的就是个人绩效表现优异员工的利益。

3. 个人绩效考核系数

C公司通过组织绩效考核，确定每个员工的考核结果及相对应的绩效考核系数。

4. 年度在职率

计算方法同本节A公司的出勤率，在此不再赘述。

四、D公司

D公司是一家智能终端设备研发企业，大部分员工都是研发人员，其年度绩效奖金分配方式非常简洁，只有一个分配要素，就是员工的年度绩效考核等级，考核等级与绩效奖金直接挂钩。D公司的绩效奖金分配方式见表8.5。

表8.5　D公司的绩效奖金分配方式

年度考核等级	优秀	良好	合格	尚待改进	不合格
年度绩效奖金	4个月基本薪酬	2个月基本薪酬	1个月基本薪酬	0.5个月基本薪酬	无

如果员工入职时间不满1年，就用该员工年度考核等级对应的绩效奖金额×在职率，以此确定该员工的年度绩效奖金。

本章结语

　　本章重点阐述并解决了以下3个问题：绩效激励应遵循哪些原则，绩效激励通常有哪些方式，如何基于绩效考核结果分配绩效奖金。本书通过前八章，系统、完整地阐述了绩效管理的使命、愿景、价值观、流程、方法和工具，相信大家对此已经了然于胸。但是"知道"不等于"做到"，两者之间还横亘着千山万水，所以，中国古代的圣人先贤曰："知易行难。"

　　现在假设你的上级给你布置了一项重要的工作任务，在组织内部从0到1构建并实施绩效管理，你会有多大的信心与把握完成这项工作任务呢？现实中，我们见过太多的HR，他们学习了很多绩效管理的理论、方法、工具，但是一到实战就不行了，根本落不了地。所以，如何在真实的企业环境中成功落地绩效管理，对于绝大多数绩效管理工作者而言都是一个亟待突破的困局。所有的管理问题，包括绩效管理落地，都需要"破局而出"，唯有破局，方能落地。那么绩效管理落地破局究竟路在何方呢？欲知如何，请阅读本书第九章——绩效管理落地破局。

第九章
绩效管理落地破局

■ 问题聚焦

本章聚焦于解决如下3个关键问题，建议您务必掌握：
- 绩效管理落地破局之"法"是什么？
- 绩效管理落地破局之"术"是什么？
- 绩效管理落地破局之"器"是什么？

■ 开篇案例

丛姗的困局

2005年7月，丛姗(化名)从一所985大学法律系毕业后，加入一家外企，从事法务工作。两年后，因为对人力资源工作有着浓厚兴趣，她主动申请调入公司人力资源部。在此后的13年时间里，丛姗凭借着聪明与努力，从一名普通的人力专员，一直做到了人力资源高级经理。

2020年4月的一天下午，一个猎头顾问的电话打破了丛姗平静而有规律的生活。对方告诉她有一家从事智能制造的高科技企业正在招聘人力资源副总裁(HRVP)，询问她是否愿意应聘。丛姗自从毕业以后就一直在这家外企工作，在"世界很大，我想去看看"想法的牵引下，她决定尝试一下这个机会。为了抓住这个机会，丛姗立即着手准备。首先，她认真查询、研究与学习企业方的相关资料，包括发展规划、核心业务、员工规模等。其次，她与猎头顾问详细探讨了企业方招聘HRVP的核心需求，得知企业方对候选人最看重的就是绩效管理的经验与能力，因为候选人入职后的首要任务是帮助公司建立战略绩效管理体系并落地实施。再次，虽然丛姗已经做到了人力资源高级经理，但是她目前供职的外企在绩效管理制度与操作方面主要负责执行国外总部的要求，既不需要制定绩效管理的相关政策与制度，也不需要白手起家式地落地实施，所以，丛姗在此方面的经验与能力是欠缺的。也正是因为知道自己的不足，丛姗买了两本绩效管理的书籍恶补知识。最后，基于对笔者的信任，丛姗非常谦逊地多次向笔者请教有关绩效管理落地的要点与难点问题。

面试终于如约而至，企业方的总经理亲自参与面试。由于事先准备充分，丛姗对于企业方提出的有关绩效管理的问题侃侃而谈，给对方的感觉是有高度、有理论、有方法，总经理对她的面试表现也非常满意。最终，丛姗从多个候选人中脱颖而出，成功拿到了offer。

入职后，总经理告诉丛姗推行绩效管理是公司2020年十大重点工作之一，希望她尽快启动这项工作。尽管丛姗缺乏此方面的经验与能力，但是准备面试的过程及面试中的表现给了她满满的自信，让她觉得绩效管理不过如此。但是，当她真正开始步入实操时，无情的现实给她好好上了一课。

首先，绩效管理落地需要开展的工作千头万绪，这让缺少实操经验的丛姗一下子失去了方向。

其次，公司总经理要求丛姗在正式启动绩效管理工作之前，草拟一个详细的实施方案并呈报给他。但丛姗足足憋了一个月写出来的实施方案好似一篇学术研究论文，可操作性连自己都看不过去，更别说提交给领导了。

再次，在没有充分造势、预热的情况下，组织召开公司绩效管理工作启动会。丛姗本来以为组织开会不过是手到擒来的小事情，结果由于她不懂得如何筹备启动会，导致会议期间流程错乱，参会人员不明就里，发言人员不知所云，甚至还出现短暂的设备与网络问题。整个会议被组织得七零八落，完全没有达到预期的会议目的。

还有一点，启动会开完，马上就要进入绩效管理的"硬核操作"阶段。梳理战略、设定指标、过程管控、精准考核、绩效激励等，这些工作既需要强大的软/硬能力，又需要相关方法与工具的支持。这让缺乏落地经验且势单力孤的丛姗深陷困局，左冲右突都无法突围，每天都有解决不完的问题。

半年过去了，丛姗主导的绩效管理工作的进度严重低于预期，内部的阻力越来越大。更要命的是，她依然没有找到突围之路。屋漏偏逢连夜雨，就在这个时候，一直支持丛姗的公司总经理对她的态度发生了微妙的变化，他开始怀疑丛姗的实战能力。同事看她的眼光也有些异样，似乎丛姗是个怪物。下属也不再像她刚入职的时候那般仰视她。这一切让丛姗对"知易行难"有了刻骨铭心的体会，她甚至开始怀疑自己当初的选择是不是错了。

假如你是丛姗，你如何破解眼前的困局？

第一节
破局之"法"

本节中的"法"源于老子的《道德经》。所谓法，就是在自然规则的运行中，通过长期实践寻找和总结出来的方法、路径。比如根据太阳东升西落的运行规律(道)，人类选择坐北朝南的方位建房就是一种方法，这种方法可以达到冬暖夏凉、舒适安逸的居住效果。再如我们驾车从北京去上海，在遵循方向(道)正确的前提下，我们选择什么样的路径过去，比如是走高速公路还是乡间小路，这也是法。

在本书第二章，我们详细阐述了绩效管理的使命与愿景，而绩效管理落地的一切工作都必须紧紧围绕"使命与愿景"展开，否则就失去了方向与目标。所以，绩效管理落地破局的这个"法"就是指为达成绩效管理的使命与愿景所采用的方法与路径，我们将之归纳为三大法宝。绩效管理落地"三大法宝"见图9.1。

图9.1 绩效管理落地"三大法宝"

从图9.1中箭头的指向来看，营造趋势、建培团队、精细操作在实施时间上存在一定的先后关系。

一、营造趋势

首先给大家讲一个故事。每一艘横渡太平洋的船，都会有一些小的信天翁跟随。信天翁随船飞行，有时一飞就是一个小时，但你几乎看不到它们扇动一下翅膀。这是为什么呢？原来这些信天翁借助船体本身所带来的气流，靠滑翔来飞行，如果信天翁不懂得借势，它们根本无法飞越浩瀚的太平洋。与此相对照，鹧鸪鸟完全靠着自己的肌肉，挥舞着翅膀飞行，所以它们很难飞行太长的距离。有时人们还可以捡到因为累得筋疲力尽而掉在地上的鹧鸪鸟。就是因为鹧鸪鸟不懂得借势，所以才飞不远，不要说飞越太平洋，就是飞出一片山林都不容易。人们常说"一山一鹧鸪"，就是描述鹧鸪鸟只会守在自己的一亩三分地上。

绩效管理落地也如是。在组织内部从无到有或从有到优实施绩效管理，本身就是一项重要的组织变革，凡是变革就会涉及利益的重新分配，遭遇阻力和反对是必然的。所以，我们必须学会营造趋势，然后像信天翁一样顺势而为、一气呵成。那么如何营造趋势呢？具体举措见图9.2。

图9.2 营造趋势的举措

(一) 制造"焦虑"

在绩效管理落地前,一定要在组织内部营造一种类似"变革可能失败,但不变革肯定失败"的氛围,让各级员工,尤其是组织的最高领导者真切地感到推行绩效管理的必要性、紧迫性及不可逆性。2001年,在华为发展形势一片大好的情况下,任正非亲自执笔写下了《华为的冬天》,谈论华为的危机和失败,在华为内部成功制造了"焦虑",种下了变革的种子。华为今天发展成为一家令国人骄傲的公司,和它成功进行的几次变革有很大关系。提起焦虑,人们普遍认为它是一种负面、消极的情绪,但焦虑绝非一无是处,有的时候焦虑会成为组织变革的催化剂。试想一个整天生活在舒适区的组织,哪里还会有变革的动力呢?

(二) 借力打力

借力打力是指借众人之力,让绩效管理落地,将其由HR部门的事变成大家的事。通过全员参与,打造"百花齐放春满园"之势。这里主要借3种人的"力"。

1. 借最高领导者的"力"

绩效管理永远是"一把手"工程,组织的最高领导者必须为绩效管理"站台",他(她)要做的就是坚定支持、带头执行。没有最高领导者的"力",绩效管理几乎不可能成功落地。

2. 借部门负责人的"力"

根据我们在绩效管理落地实践中的观察与体会,借部门负责人的"力"比借最高领导者的"力"还要难。通常情况下,部门负责人都不会主动支持绩效管理落地工作,更不会认为自己应该为此负主要责任。绩效管理工作者首先要借最高领导者的"力"去说服或要求部门负责人支持绩效管理落地工作。其次要通过沟通、宣贯,让部门负责人在思想上认识到绩效管理的价值。最后,通过组织的绩效管理制度或正式文件,明确绩效管理落地的主责在各部门负责人而不是人力资源部,要求各部门主动参与到绩效管理落地工作中来。

3. 借外部咨询机构的"力"

必要的时候，企业可以聘请外部专业的咨询机构，让他们在一线推动，组织内部的HR在后台提供粮草弹药。这样做，一方面可以充分利用外部咨询机构的专业经验、专业能力，更好地推进绩效管理落地工作；另一方面可以为组织内部的HR构筑一道防火墙，让HR遇事有了更多的回旋余地。

(三) 发布通知

通知是营造趋势的尖刀利器，它可以发挥以下3个方面的积极作用。
(1) 可以将绩效管理落地工作快速地广而告之。
(2) 可以将绩效管理落地工作合法化，使绩效管理工作者师出有名。
(3) 在绩效管理工作遭遇阻力时，可以将通知拿出来当作令箭。

所以，一定要在组织内部以红头文件的形式下发关于推行绩效管理工作的正式通知。我们做的每一个绩效管理咨询项目，在项目正式开始前，企业方都要提前下发正式的通知。

(四) 召开启动会

启动会是营造趋势最直接、最有效的方式。它的核心功能类似冲锋号，正式拉开绩效管理落地工作的大幕。启动会要完成以下3项工作任务。
(1) 简洁明了地向各级员工说明绩效管理落地工作的使命、愿景、价值观，也就是为什么要开展这项工作。
(2) 向各级员工呈现绩效管理落地全周期的工作计划，也就是怎么干这项工作。
(3) 组织的最高领导者明确要求各级员工务必全力支持、配合绩效管理落地工作。

面对新事物，人往往因为未知所以恐惧，因为恐惧所以反对。所以，一场成功的启动会能够在很大程度上消除各级员工对绩效管理的抵触情绪。那么如何组织一场成功的启动会呢？需要扎扎实实做好以下3项工作。

1. 会前精心筹备

(1) 提前拟定会议方案，包括启动会的时间、地点、参加人员、发言人员、发言顺序、会议内容、会议流程等内容。

(2) 精心组织发言。在启动会上，HR常常作为项目负责人，要做主旨发言，所以首先要精心组织自己的发言。发言前，要充分了解企业的情况并撰写发言稿；发言中，最好要使用员工习惯的语言，引用和员工日常交往的事例，从而让员工有带入感和亲切感，抓住他们的心，否则发言很容易沦为空洞的说教，没有生命力。其次，要精心组织最高领导者的发言。为最高领导者在启动会上的发言内容提供建议，最好为他(她)撰写一份建议性质的发言稿。最后，要精心组织部门与员工代表的发言。对他们的发言内容进行把关，防止在启动会上出现不和谐的声音。

(3) 细心布置会场，检查会议桌椅摆放是否整齐，桌签摆放是否正确，会议设施、设备是否完好等。

2. 会中有序召开

启动会要按照事先拟定的会议流程召开，以确保会议井然有序。通常情况下，项目负责人首先作主旨发言，然后由部门与员工代表作表态性发言，最后由最高领导者作总结发言并提出工作要求。

3. 会后宣贯落实

启动会结束后，要组织会议精神的宣贯与学习，部门负责人及以上的管理者要撰写心得体会。

二、建培团队

营造完趋势，就要开始建立并培养团队，我们称之为绩效管理落地破局之"法"的第二大法宝。

(一) 建立团队

这里的团队是指具体负责绩效管理落地操作的特别工作小组。绩效管理落地工作千头万绪，所以一定要在组织层面建立一支精锐的特战小队。团队成员的来源见图9.3。

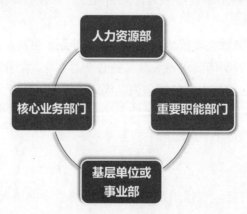

图9.3　团队成员的来源

通过建立这样一个团队，一方面可以大大延伸HR部门的触角，提高绩效管理落地的工作效率；另一方面有利于借助各部门的势，争取到部门负责人的支持。在绩效管理的实践中会出现这样一种现象，如果是HR部门在推行绩效管理，部门负责人可能不支持；但如果该部门的员工被抽调开展绩效管理落地工作，部门负责人可能就会支持。

(二) 培养团队

团队建好后，一定要花大力气培养，让团队成员有成长、有进步，这样大家才会依恋这个团队，团队才会有凝聚力与战斗力。如果没有花力气培养团队，这个兼职团队很容易名存实亡。培养团队要做到"五有"，见图9.4。

图9.4　培养团队的"五有"

1. 有培养方案

培养方案包括培养目标、培养内容、培养措施、实施步骤等内容。有了培养方案，就可以系统性地培养团队，而不至于东一榔头、西一棒槌。

2. 有作业复盘

要定期给团队成员布置理论与实操作业，团队领导要有检查、有批改、有反馈。要定期组织工作复盘会，透过成绩与问题，不断深挖其背后的原因，帮助团队成员不断总结经验，寻找规律，提升实战能力。

3. 有考核评价

要为所有团队成员设定明确的绩效指标并定期考核评价。

4. 有奖惩机制

团队成员在绩效管理落地工作小组的绩效表现，要占其季度或年度绩效的一定比例，比如10%~20%，并与他们的绩效奖金、评优评先等切身利益挂钩。

5. 有铁的纪律

古语曰："慈不带兵，义不养财。"没有严明的纪律，是培养不出优秀团队的。尤其是像绩效管理落地工作小组这样的团队，很多团队成员都有自己的本职工作，如果没有一定的纪律约束，很容易成为一盘散沙。比如对于日常工作中的迟到、早退，晚交或不交作业，缺席工作复盘会，缺席集体培训等情形，无论什么原因，都应一律给予相应的经济处罚。这种看似不合情理的纪律，却能在大多数情况下取得非常好的效果。

三、精细操作

在营造趋势、建培团队之后，就要正式进入绩效管理落地的实战操作，也就是绩效管理落地破局之"法"的第三大法宝——精细操作。在这个阶段，我们建议相关人员要有如履薄冰的心态，对每一个环节、每一处细节都要深入、全面地思考和谋划，采用眼科手术式精细化操作模式。同时，这个阶段也是培养团队的最佳时机，要让团队成员在实践中锻炼、在战火中成长。首先为大家呈现一张精细操作的全景图，我们把精细操作的过程分解为10个步骤，见图9.5。

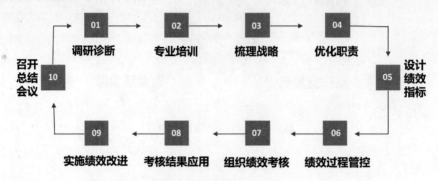

图9.5　精细操作全景图

(一) 调研诊断

无论是外部的咨询机构还是组织内部的HR，我们都建议要踏踏实实地做一次调研诊断，以更好、更深入地了解组织的情况。

1. 调研诊断的内容

关于调研内容，我们建议不要仅仅局限在绩效管理领域，可以包括但不限于以下内容：组织战略、组织架构、核心业务、职责划分、自身优势、存在问题、绩效管理、薪酬激励、员工职业规划等。表面上看，以上9项调研内容只有1项与绩效管理有关，但事实上所有的内容对绩效管理落地都非常重要。比如通过调研了解员工的职业规划情况，对于预判员工未来的绩效指标达成情况及原因分析都非常有帮助。

2. 如何进行调研诊断

我们根据在企业开展调研诊断的亲身实践，将调研诊断的实施步骤总结为5个字，即调研诊断"五字经"，见图9.6。

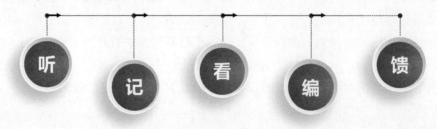

图9.6　调研诊断"五字经"

(1) "听"就是开展员工访谈，访谈对象讲，我们听。听的时候一定要专注，并不时给对方回应，对于没有听懂的部分及时向对方请教与确认。

(2) "记"就是记录访谈内容，这个部分通常工作量比较大。如果条件允许，我们建议在访谈阶段安排专人做记录。对于主访谈人而言，边听边记录，一则会降低访谈效率，二则会影响专注倾听。

(3) "看"就是深入一线，进行实地查勘、走访与观察。"看"具有如下作用：一是对于在访谈中听到的但理解不深刻的内容，会有更加深刻的理解；二是可以获取"听"时不能获取的大量现场信息；三是这种扎实的工作作风有利于获得各级员工的尊重与信任。

(4) "编"就是编制调研诊断报告。在绩效管理咨询项目中，我们常常把编制调研诊断报告当成客户对我们的第一次大考。考得好，就可能赢得客户的信任，为项目后续的实施奠定坚实基础；考不好，就会让客户对咨询团队的项目实施能力产生怀疑。而我们能否考好取决于调研诊断报告对客户公司的情况摸得透不透，对存在的问题拿捏得准不准，提供的建议接不接地气等。所以，编制一份高质量的调研诊断报告是一项很有挑战性的工作。

(5) "馈"就是组织正式会议，向中高层管理者反馈调研诊断报告。

(二) 专业培训

调研诊断完成后，就进入精细操作的第二步——专业培训。专业培训可以提升各级管理者的绩效管理能力，改变他们对绩效管理的认知，使大家在同一频道上沟通，从而促进绩效管理的顺利落地。

1. 培训内容

培训内容包括但不限于绩效管理的内涵与价值、如何设计绩效指标、如何开展绩效过程管控、如何实施精准绩效考核、如何进行绩效反馈与面谈、如何基于考核结果进行激励和管理者的绩效管理责任等。

2. 参训对象

如果条件允许，最好全员参训；如果条件不允许，各级管理者和绩效管理落地工作小组成员必须参训。

(三) 关于第3步至第9步的特别说明

精细操作第3步梳理战略、第4步优化职责、第5步设计绩效指标、第6步绩效过程管控、第7步组织绩效考核、第8步考核结果应用和第9步实施绩效改进的具体操作，已在本书第三章至第八章进行了详细阐述，敬请参阅，在此不再赘述。

(四) 召开总结会议

召开总结会议是精细操作的最后一步。在绩效管理落地工作开始时有启动会，那么在结束之时也要有总结会，这样有始有终，形成闭环。总结会议流程见图9.7。

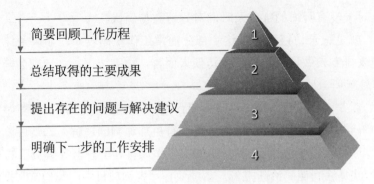

图9.7　总结会议流程

召开总结会议同样需要做好以下3项工作：会前精心筹备、会中有序召开、会后宣贯落实。

坦率地说，绩效管理落地破局之"法"的三大法宝中包含的很多工作还是很有技术含量的，如果想运用三大法宝实施绩效管理，我们必须具备相关的技术和能力。比如营造趋势，你需要具备良好的人际技能；建培团队，你需要具备教练能力；精细操作，你需要具备很强的专业技术水平。所以，仅仅知道了"法"还是不够的，你还需要掌握"术"。这就好比根据太阳东升西落的运行规律(道)，我们知道应该选择坐北朝南的位置建房，但是如果我们没有掌握建房所需的技术，即便知道这个"法"也是徒劳，依然建不起房。绩效管理落地也如是。

第二节　破局之"术"

紧紧围绕破局之"术"，我们把绩效管理落地破局需要具备的技术、能力归纳总结为六大素质，见图9.8。

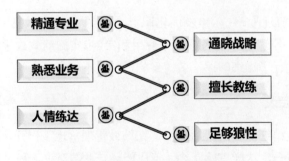

图9.8　破局之"术"的六大素质

一、精通专业

精通专业就是要精通绩效管理相关的专业知识、技能。古话曰："术业有专攻。"我们认为，精通专业是精细操作的基础，成功实施绩效管理需要依赖扎实的专业技能。

(一) 专业不精，拿不出解决方案

如果专业不精，面对绩效管理落地过程中出现的专业问题，很难拿出有效的解决方案；相反，如果专业精通，不仅能够快速解决一般性专业问题，而且能够创造性地解决疑难专业问题。2020年，笔者和团队为一家创业创新型企业实施绩效管理咨询项目。在一次激励体系设计方案的研讨会上，企业的一位高管提出，销售部门在实现销售业绩的过程中，后线部门也提供了很多专业服务，为什么销售提成只奖励给销售部门，而不奖励后线部门呢？此话一出，会场一片沉默。事实上，这个问题在该公司由来已久。通常情况下，销售部门根据销售业绩提取销售提成是再正常不过的事情，其他部门也不会有异议，但是在这家创业创新型企业中，后线职能部门对销售部门拿提成颇有微词，并多次向企业高级领导层反映。从理论上讲，后线部门的想法是有一定道理的，既然都是为销售业绩的达成做出了贡献，为什么企业只奖励销售部门而不奖励后线部门呢？但问题是，如何衡量后线部门的专业服务对销售业绩达成的贡献度呢？换句话说，如果把销售部门与多个后线部门对销售业绩达成的贡献度视为100%的话，那每个后线部门在这个贡献度中的占比应该是多少呢？这确实是一个很有挑战性的难题。后来，我们咨询团队就是基于良好的专业素养，通过艰苦努力，最终为客户提供了一个让其非常满意的解决方案。

(二) 专业不精，难以服众

有一位高级经理人，曾非常有感触地对笔者说，绩效管理是个好东西，但是金箍棒在孙悟空手里是金箍棒，在猪八戒手里那就是烧火棍了。意有所指，不言自明。所以，无论绩效管理多么有价值，但如果绩效管理工作者的专业能力跟不上，就是金子也发不了光。

我们说精通专业，那具体要精通哪些专业技术呢？绩效管理工作者需精通的专业见图9.9。

小野二郎一生专注于做寿司，他的人生体会或许能够给我们一些启示。他说："一旦你确定好自己的职业道路，就要全身心投入其中，你要热爱自己的工作，千万不要有任何怨言，你穷尽一生磨炼自己的技能，这就是成功的秘诀，也是赢得别人敬重的关键。"

所以，如果有人问你，如何分配绩效奖金，你能给出4种以上分配方案供其选择；如果有人问你，如何进行强制分布，你能给出3种以上方式供其选择。如果你能做到这个程度，在绩效奖金分配和强制分布方面，你可以称得上"精通专业"。

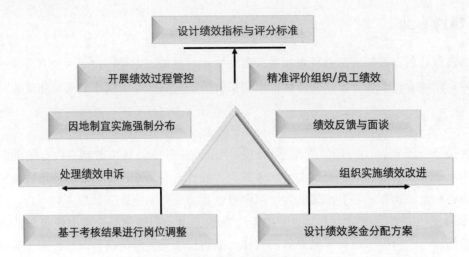

图9.9 绩效管理工作者需精通的专业

二、通晓战略

战略是绩效管理的源头,离开了战略,绩效管理就成了无源之水、无根之木。但现实情况是,很多企业的战略是模糊的、不成体系的,这样的战略根本无法满足绩效管理落地的需要,因此,绩效管理工作者必须具备较高的战略管理能力,具体表现在以下两个方面。

(一) 上得了厅堂

"上得了厅堂"是指要具有战略的思维与眼光,要谋全局的胜利,而不要只看自己那一亩三分地。毛泽东主席就是一位伟大的战略家。打仗的时候,他看的不是一城一地的得失,而是要消灭敌人的有生力量。他强调,存人失地,人地皆存;存地失人,人地皆失。抗美援朝是毛泽东主席一生中最难做出的决策。当时中国百废待兴、百业待举,出兵朝鲜困难重重,而中美两国当时的国力极不对称、相差巨大。在1950年国庆节后十几天内,中央反复开会研究。面对多数人列举的种种困难,加上苏联在出动空军问题上的一再退缩,毛泽东主席经过多天思考、反复权衡,以伟大的政治家、战略家的眼光与气魄,做出了抗美援朝、保家卫国的历史性决断。

(二) 下得了厨房

"下得了厨房"是指要具有战略管理的实操能力。第一,要能够把组织现行的战略清晰地梳理出来;第二,要能够对组织的未来做规划,有能力从0到1编制战略规划。

根据我们在企业实施绩效管理的经验,只有具备很强的战略管理能力,才有可能帮助企业梳理战略或编制未来的规划,才能比企业中的绝大多数人更加了解发展战略。由于站位高、视野宽,对于绩效管理落地过程中出现的各种疑难杂症,你很可能出手就是破局之道。

三、熟悉业务

根据我们的观察，不熟悉业务是很多绩效管理工作者的短板，更关键的是，他们中的很多人根本没有意识到"不熟悉业务"是个短板，所以，既不主动学习与了解企业的核心业务，也很少深入基层调研。下面，我们请大家共同思考以下3个问题。

(1) 不熟悉业务，怎么给业务部门设计绩效指标与评分标准呢？由于绩效管理工作者不熟悉业务，常常是业务部门说什么就是什么。

(2) 不熟悉业务，怎么帮助业务部门设计切合实际的绩效奖金分配方案呢？由于绩效管理工作者不熟悉业务，常常是业务部门在领导面前抱怨绩效管理工作者闭门造车。

(3) 不熟悉业务，怎么用业务的语言与业务部门沟通，从而让他们支持绩效管理工作者的工作呢？由于绩效管理工作者不熟悉业务，常常是业务部门不仅不支持，还抱怨、不配合。

事实上，绩效管理的实质是对业务的绩效管理，所以熟悉业务是开展绩效管理工作的必要条件。那么怎么样才算熟悉业务呢？我们认为至少应该做到以下3点，见图9.10。

图9.10 熟悉业务

(1) 绩效管理工作者熟悉核心业务的发展规划，就可以把握业务部门绩效指标设定与绩效奖金设计的方向，确保不偏航，而且可以使绩效管理工作者在谈论业务问题时，更有高度与深度。

(2) 绩效管理工作者熟悉核心业务的种类及操作流程，就可以用业务部门习惯与熟悉的"语言"沟通，不说或少说外行话，有利于赢得业务部门对绩效管理工作的支持。

(3) 绩效管理工作者熟悉判断核心业务做得好坏与否的标准，就可以相对精准地设置业务部门绩效指标的评分标准，从而化被动为主动，避免人云亦云。

四、擅长教练

所谓擅长教练就是擅长以下3种技能，见图9.11。

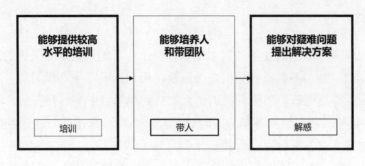

图9.11　擅长教练

(一) 能够提供较高水平的培训

绩效管理工作者在企业内部开展绩效管理落地工作，本质上就是在做一个咨询项目，只不过这个咨询项目由内部人员而非外部咨询机构实施。咨询与培训是密不可分的，在实施绩效管理咨询项目的过程中，培训扮演着非常重要的角色。比如启动会需要培训，调研反馈需要培训，战略梳理需要培训，指标设计需要培训，方案沟通需要培训，成果宣贯需要培训，总结会议也离不开培训。作为绩效管理工作者，如果不擅长培训，就会让绩效管理工作的效果大打折扣。

(二) 能够培养人和带团队

本章在第一节阐述绩效管理落地破局之"法"的三大法宝时，明确指出第二大法宝是建立和培养团队。与使用这一法宝相适应的是，绩效管理工作者必须具备培养人的能力和带团队的能力，否则，单枪匹马是无法实施绩效管理的。

(三) 能够对疑难问题给出解决方案

在绩效管理实施的过程中，绩效管理工作者必然会遇到新情况、新问题，比如本书提到的如何量化后线职能部门对销售业绩的贡献，如何衡量同一企业不同分支机构的经营难度等。这个时候，一个好的教练，一是能通过引导、启发他人，让他们自己找到解决方案；二是能在紧急时刻直接给出具体的解决方案。很多时候，一个疑难问题没有解决，就可能导致整个绩效管理工作停滞不前。所以，绩效管理工作者只有具备解决一个又一个具体难题的能力，绩效管理方能顺利落地。

五、人情练达

古话说："世事洞明皆学问，人情练达即文章。"绩效管理工作者如果没有一定的情商，不懂得洞察人性，那么出台的绩效管理方案很有可能会把组织弄得鸡飞狗跳，从而导致绩效管理落地工作无疾而终。

如何才能做到人情练达呢？这是一个仁者见仁、智者见智的问题，没有标准答案。晚清名臣曾国藩堪称人情练达的典范，其处世哲学可浓缩为8个字：轻财、量宽、律己、身先，见图9.12。

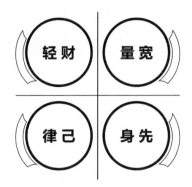

图9.12　人情练达的处世哲学

正所谓轻财足以聚人、律己足以服人、量宽足以得人、身先足以率人。如果能够基本做到这8个字，就应该算是人情练达了。

我们认为，人情练达是一种非常重要的能力。在绩效管理落地工作中，人情练达能够帮助绩效管理工作者争取到组织内部的以下3类人群。

(1) 争取到最高领导者，得到他们的支持。

(2) 争取到关键岗位的部门负责人，确保他们至少不反对。

(3) 争取到基层骨干员工，让他们相信自己是绩效管理的受益者。

成功争取到以上3类人群，对于绩效管理落地工作至关重要，甚至从某种意义上讲，绩效管理工作已经成功一半了。

六、足够狼性

如前文所述，在组织内部推行绩效管理本身就是一项重要的管理变革，遭遇阻力和反对是必然现象，如果绩效管理工作者不具有一定的狼性精神，那结果很可能就是折戟沉沙。我们认为，在绩效管理落地工作中所需要的狼性精神主要表现在以下4个方面。

(一) 顽强拼搏

咬定青山不放松，不达目标决不罢休，永不言败。在2022年女足亚洲杯比赛中，中国女足先是在半决赛中4∶3逆转日本队，随后又在决赛中3∶2逆转韩国队，让很多国人热泪盈眶。从女足队员身上，我们感受到为中华之崛起而顽强拼搏的时代精神。

(二) 英勇无畏

在绩效管理落地过程中，绩效管理工作者很有可能遭遇高层领导反对，中层领导不支持，基层员工不理解，甚至受到语言谩骂、诽谤攻击、人身威胁等。面对这些困难与阻力，绩效管理工作者要有大无畏的英雄气概，能够承受孤独，勇于克服阻力、战胜困难，把绩效管理工作坚决向前推进；反之，如果胆小懦弱，一遇到困难首先想到的就是向后退，结果就会一退再退，最后退无可退、前功尽弃。

2020年上映的电影《八佰》，讲述了1937年淞沪会战末期，国民革命军第88师524团坚守上海四行仓库，孤军奋战四昼夜，英勇抗击日本侵略者的历史故事。"800壮士"用行动真实地诠释了什么是英勇无畏的精神。

(三) 坚持原则

在原则问题上，绩效管理工作者必须强势出击、毫不动摇。那么在绩效管理落地工作中，哪些是违背原则的问题呢？我们认为包括但不限于以下问题。

(1) 不梳理战略，不优化职责，直接进行绩效指标设定。
(2) 不开展绩效过程管控，直接进行绩效考核。
(3) 显失公允地给下属员工的考核评分过高或过低。
(4) 不同意将绩效考核结果反馈给员工并进行绩效面谈。
(5) 把绩效管理当成奖金分配的工具，拒绝通过实施绩效改进计划帮助员工成长与发展。

(四) 敢于惩戒

1. 枪打出头鸟

对于出于个人或小团体私利，不支持、不配合绩效管理落地工作的领头人员，要敢于根据组织内部的相关规定，给予相应惩处，以儆效尤。

2. 坚决清除"内奸"

绩效管理落地工作也有其"经济周期"，当处于暂时的"低谷期"时，伴随着外部压力的增大，在绩效管理落地工作团队内部，有可能会出现极少数意志不坚定者，对外，他们极尽迎合，甚至不惜损害绩效管理工作团队的声誉，以期取得"投名状"；对内，他们散布针对绩效管理工作的负面言论，在团队内部制造"长他人志气，灭自家威风"的不良氛围。表面上看，好像他们还很包容，很能听取不同意见，但本质上他们胆小懦弱，担心继续和绩效管理战车绑定在一起会损害自己的利益。这种人已经由绩效管理落地的积极力量变成了消极力量，必须坚决将其从绩效管理落地工作团队中清除，否则将会导致"千里之堤，溃于蚁穴"的局面。

至此，关于绩效管理落地破局之"术"就全部讲解完了。现在有了"法"的护佑，"术"的支撑，是不是就可以成功实施绩效管理了呢？在回答这个问题之前，咱们先做一个假设：你计划从北京自驾到上海，在方向上(道)，你知道向南走；在方法与路径上(法)，你知道走高速公路；在技术上(术)，你还拥有良好的驾驶技术。这是否意味着你就能自驾到上海呢？答案是否定的，你还必须要有车，车就是你自驾的工具，而工具在老子的《道德经》中被称为"器"。事实上，"利器"是绩效管理落地的有效保证，正所谓

"工欲善其事，必先利其器"。

第三节 破局之"器"

绩效管理落地所需要的大部分工具，本书已经在前面的不同章节中详细介绍过，在此就不再赘述。本节将对这些工具进行系统、简要的归纳与总结。绩效管理落地常用工具见图9.13。

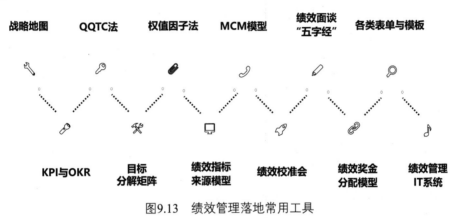

图9.13 绩效管理落地常用工具

一、战略地图

战略地图主要用于梳理组织战略，确定公司级战略目标。

二、KPI与OKR

KPI(key performance indicator)即关键绩效指标，它是衡量组织战略目标达成情况的工具，是绩效管理的基础。

OKR(objectives and key results)即目标与关键成果法，其本质上和KPI是一样的，都属于目标管理的工具，只是适用的场合不同。

三、QQTC法

QQTC法有两个重要的作用：一是可以把目标转化为指标；二是用于设定绩效指标的评分标准。

四、目标分解矩阵

目标分解矩阵用于将目标或指标分解到不同的部门、岗位或个人，形成"千斤重担人人挑，人人肩上有指标"的局面。

五、权值因子法

权值因子法用于量化并确定绩效指标的权重。

六、绩效指标来源模型

绩效指标来源模型用于系统思考从哪些方面设定绩效指标，防止遗漏。

七、MCM模型

MCM模型用于绩效过程管控。

八、绩效校准会

绩效校准会用于纠正绩效考核的偏差。

九、绩效面谈"五字经"

绩效面谈"五字经"用于做好绩效反馈与面谈，可提高质量，减少冲突。

十、绩效奖金分配模型

绩效奖金分配模型用于设计科学合理的绩效奖金分配方案。

十一、各类表单与模板

各类表单与模板包括但不限于绩效合同、过程管控记录表、数据采集表、绩效面谈记录表、绩效考核申诉表以及各类纪要、通知、述职模板等。

十二、绩效管理IT系统

绩效管理IT系统能够实现绩效管理的全流程管理，提高绩效管理工作的效率。

例如，飞书、企业微信等都有绩效管理模块，当然企业也可以根据自身需求进行系统订制。

本章结语

本章重点阐述并解决了以下3个问题：绩效管理落地破局之"法"，绩效管理落地破局之"术"，绩效管理落地破局之"器"。我们希冀通过"法""术""器"在绩效管理的理论与实践之间搭起一座桥梁，从而破解绩效管理落地最后一公里的问题，实现绩效管理战略落地、管理提升、业绩倍增的伟大使命。

人们常说："创造历史，把握当下，成就未来。"如果说本书九章内容能够帮助大家把握绩效管理的当下，那么后续我们也希望能够帮助大家把握绩效管理的未来。欲知战略绩效管理未来的发展趋势，请阅读本书后记——走向未来。

后 记

走向未来

今天,我们处在一个百年未有之大变局的时代,这个时代瞬息万变,唯一不变的是变化本身。据此,我们有理由相信未来一定是一个更加VUCA的时代,其特征体现为volatility(易变性)、uncertainty(不确定性)、complexity(复杂性)和ambiguity(模糊性)。

未来的时代背景,给企业管理带来的挑战将是全方位的,对企业自身的敏捷性要求会越来越高,时代既要求船小好调头又要求大象能跳舞。而绩效管理作为企业管理的重要组成部分,也必然要向敏捷化转型,朝着更快、更轻、更灵活的方向发展。敏捷化绩效管理见图1。

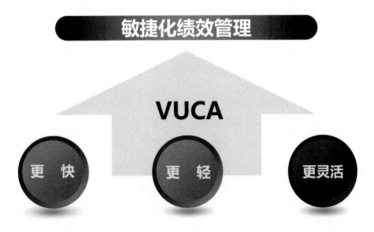

图1 敏捷化绩效管理

基于此,我们认为,绩效管理未来的发展将呈现以下六大趋势。

趋势一:直线经理将成为绩效管理的主力军

直线经理将在绩效管理中扮演关键的角色,绩效管理也将由HR单点支撑变成"众人拾柴火焰高"。由于直线经理承担主责,将在长期的实践中练就更多绩效管理技能,其角色也将从传统的"警察"转变成为员工的教练与导师。这一趋势必将对绩效管理效能的发挥和使命的达成产生深远的影响。

趋势二:OKR的应用日益广泛

一方面,未来的绩效管理工具必须能够满足绩效管理敏捷化的要求,而就现有绩效管理工具而言，OKR在目标管理方面较好地回应了敏捷绩效管理的特质。未来，OKR将在更多的组织中得到应用。

另一方面，我们并不认为OKR会彻底取代KPI。首先，OKR和KPI在本质上是相同的，即都是目标管理工具，不存在谁取代谁的问题。事实上，用OKR实现的管理目标，KPI同样可以做到，所以，不能简单地认为OKR先进，KPI落后。其次，KPI侧重于考核，OKR侧重于自我管理，两者功能不同，就如同桌子和椅子，无法相互取代。最后，OKR不仅不会取代KPI，而且两者还会出现更多的融合。OKR鼓励挑战，KPI注重考核，不同的岗位选择不同的工具，比如销售岗位更适合KPI，而研发类岗位更适合OKR。

趋势三：绩效考核将不再成为焦点

绩效管理的焦点将由考核评估转向绩效沟通与员工发展，这是绩效管理发展史上的一个伟大转变。

但需要指出的是，淡化考核不等于放弃考核。绩效考核也将会进行一系列的自我变革。在考核内容上除了个人成就外，还要包括个人对他人、团队成功所做的贡献；工作业绩的考核权重将逐步降低，价值观的考核权重将逐步提升；考核方式也将由"大一统"向"个性化"转变，比如在同一家企业，不同岗位员工的考核内容、考核周期、考核流程等可能不再统一，而是根据岗位与员工的实际情况量身定制。

趋势四：逐步放弃绩效等级的强制分布

事实上，这种趋势在一些知名的跨国公司中已经开始显现。2013年，微软宣布放弃员工排序；2015年，GE正式宣布放弃活力曲线；2015年，埃森哲宣布放弃年度绩效评估和排名。

但需要指出是，不同企业的绩效管理发展水平是有很大差异的。对于一家刚刚开始推行绩效管理的企业，或者一家虽然已经推行绩效管理多年，但还没有形成相对完备的绩效管理制度、机制、流程和绩效文化的企业，可以考虑引入或保留绩效等级的强制分布。我们认为，对于这些企业来说，强制分布更有助于员工理解与熟悉绩效管理，有助于企业培育"业绩导向"的绩效文化。强制分布对于他们而言，依然是"建设一个卓越组织的全部秘密"。

趋势五：绩效考核结果与奖金、晋升松绑

当前，根据绩效考核结果直接进行绩效奖金分配和岗位调整，已经受到了质疑。Google已经在探索新的解决方案，比如Google的OKR打分结果不与奖金、晋升挂钩。笔者在多年的绩效管理实践中，一直主张中国企业要对考核结果进行积极的应用，而Google这种前瞻性的做法效果如何，尚需时间检验。

趋势六：新技术将在绩效管理中发挥日益重要的作用

未来，随着人工智能、移动互联等高新技术的发展，很有可能对传统绩效管理造成颠

覆式影响，包括改变绩效管理的底层逻辑、思维方式、工作模式等，从而大大降低绩效管理的时间成本，提高绩效管理的工作效率，有力推进组织与个人绩效的提升与改善。

滚滚长江东逝水，面对汹涌而来的绩效管理大势，应该如何应对呢？我们建议，首先要以不变应万变，苦练内功，做最好的自己。其次，了解趋势、把握趋势、顺势而为，在滚滚向前的时代潮流中成为绩效管理的弄潮儿。

哈佛商学院教授罗伯特·卡普兰和复兴全球战略集团总裁大卫·诺顿在其名著《战略地图》的序中明确指出："如果你不能衡量，那么你就不能管理。"受大师的启发，同时结合长期企业绩效管理实践，我们坚定地认为，如果没有绩效管理，就没有真正意义上的企业管理。事实上，战略绩效管理体系是一个强有力的杠杆，只要朝合理的方向稍稍撬动一下，就会释放出巨大的能量。所以，考核你所想的，才能获得你所需要的。

参考文献

[1] 付亚和，许玉林，宋洪峰，等.绩效考核与绩效管理[M].北京：电子工业出版社，2019.

[2] 罗伯特·卡普兰，大卫·诺顿.平衡计分卡——化战略为行动[M].刘俊勇，孙薇，译.广州：广东经济出版社，2004.

[3] 罗伯特·卡普兰，大卫·诺顿.战略地图——化无形资产为有形成果[M].刘俊勇，孙薇，译.广州：广东经济出版社，2005.

[4] 秦杨勇.平衡计分卡与绩效管理：中国企业战略制导[M].北京：中国经济出版社，2009.

[5] 姚琼.世界500强绩效管理你学得会[M].北京：中华工商联合出版社，2017.